KB075901

따라 쓰기의 기적

따라 쓰기의 기적

책 한 권 뚝딱!

송숙희 지음

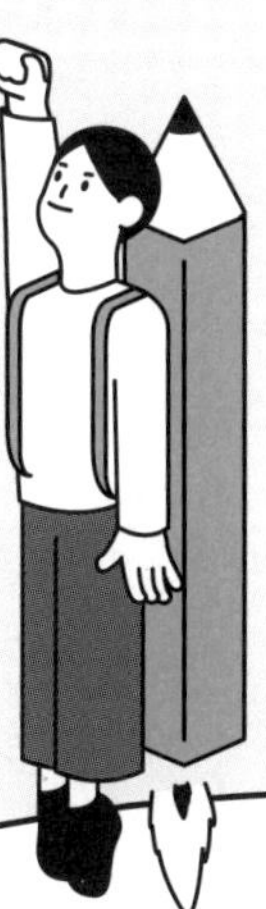

유노
북스

책쓰기는 참 이상해요.

"힘들다, 버겁다"라고 비명을 지르면서도

막상 책을 내면 한 번으로 그치는 이가 없습니다.

첫 책을 거뜬하게 쓰고 두 번째, 스무 번째 책도 쓰게 될 당신에게

이 책을 바칩니다.

송 코치와 함께하는 지금 바로 책쓰기!

《따라 쓰기의 기적》 인터넷 자료실로 초대합니다!

국내 1호 책쓰기 코치 송숙희가 2006년부터 지금까지 차곡차곡 쟁여 온 책쓰기 필수 정보를 인터넷 자료실에서 모두 보여드립니다. 경험에서 추출한 책쓰기 기술과 팁이 담긴 13,000여 편의 콘텐츠와 세상에서 가장 쉬운 '책 선생 따라 하기' 노하우까지! 책을 쓰고 작가로 사는 데 필요한 정보로 가득한 이곳은 송숙희가 12,000명이 넘는 회원과 함께해 온 국내 최고의 책쓰기 콘텐츠 저장소입니다. 지면이 제한돼 책에 넣지 못한 정보와 자료, 책에서 이야기하기에는 모호한 팁, 다운로드해 사용할 수 있는 워크시트, 그때그때 바로바로 힘을 얻을 수 있는 Q&A 등 책쓰기에 관한 모든 것을 무료로 함께합니다.

큐알 코드를 찍거나 www.책한권뚝딱.com으로 접속하세요. 《따라 쓰기의 기적》 독자를 위한 자료실로 연결됩니다. 단계별 책쓰기 노하우, 송 코치에게 묻고 답 듣기, 3개월 초고 쓰기 프로젝트 도전하기, 책 선물 이벤트, 번개 특강 등 다양한 정보와 자료를 만날 수 있습니다.

www.책한권뚝딱.com 자료실

내 책을 내 줄 출판사 리스트

| 들어가며 |

빵 굽기보다 쉽고 로또보다 수지맞는 기적의 책쓰기

남에게는 질투, 당신에게는 기회! 당신도 책을 가져라.

한국 대표 책쓰기 코치 송숙희

노벨 문학상을 타면 수상 작가가 쓴 책이 엄청 많이 팔리겠지요? 얼마나 더 많이 팔릴까요? 2016년에 가수 밥 딜런이 노벨 문학상을 받았습니다. 인터넷 서점 예스24에서는 밥 딜런 자서전 《바람만이 아는 대답》의 판매율이 그의 노벨 문학상 수상이 확정되고 불과 이틀 만에 2만 9,300퍼센트가 증가했습니다. 가히 폭발적입니다. 그럼 몇 부나 팔렸을까요?

미국 실리콘 밸리에서 아주 잘나가는 투자자로 소문난 리드 호프만. 그는 1억 5천만 명의 가입자 수를 자랑하는 세계 최대 비즈니스 SNS인 '링크드인'의 창업주입니다. 원래 대학교수가 되고 싶었던 그는 박사 학위를 준비하다 문득 이런 의문을 품습니다.

'박사 논문은 몇 명에게나 읽힐까?'

그는 여러 경로를 통해 박사 논문의 독자 수를 알아냈습니다. 내로라하는 대학에서 박사 학위를 받은 논문을 읽는 독자는 몇 명일까요?

저는 2018년 11월 초에 《150년 하버드 글쓰기 비법》을 출간했습니다. 저는 노벨 문학상을 탄 적도 박사 학위도 없습니다. 제가 쓴 이 책은 몇 부나 팔렸을까요?

: 노벨상 작가보다
세계 명문대 박사보다 잘나간다고?

《바람만이 아는 대답》은 하루에 한 권 팔리다가 밥 딜런이 노벨상을 받은 지 이틀 만에 294권이 판매됐다고 합니다. 그 후 1년 동안 전년 대비 279.3배가 늘어난 1,955권이 판매됐다고 합니다.

리드 호프만이 찾아낸 답에 따르면 박사 학위 논문의 독자는 최대 60명입니다. 그리고 박사 논문을 읽어 주는 독자는 거의 대부분 어머니, 아버지, 삼촌, 숙모, 이모, 할머니 등이 포함된 지인이라고 합니다.

《150년 하버드 글쓰기 비법》은 출간 후 한 달여 만에 1만 부가 팔렸습니다. 저는 세계에서 알아주는 유명 인사도 아니며 우리나라에서도 그리 유명하지 않습니다. 석사 학위조차 없고 유명한 기업을 경영하는 사업가도 아닙니다. 그런데도 한 달 만에 팔린 제 책의 부수는 밥 딜런이 노벨 문학상을 탄 후 1년 동안 팔린 그의 책보다 무려 다섯 배 넘게 많습니다. 박사 학위 논문을 읽는 평균 독자 수 60명의 166배나 됩니다.

당신도 책을 쓰세요.

이런 권유를 드리기 위해 밥 딜런과 리드 호프만을 불러냈습니다. 그들에 필적할 만한 명성이나 권위나 학위와 지위나 업적을 가지셨나요? 그런데도 영향력은 신통치 않은가요? 그렇다면 책을 쓰세요. 그들에 비해 조건이나 자격이 턱도 없나요? 그래도 그들보다 나은 영향력을 꿈꾼다면, 책을 쓰십시오.

이렇게 제안하기 위해 저는 이 책에서 빵 굽기보다 쉽고 로또보다 수지맞는 기적의 책쓰기 방법을 알려드립니다. 글쓰기는 SNS

하는 수준이면 충분하고 레고를 쌓듯 생각과 자료를 조립할 줄 알면 너끈한 책쓰기 비법을 일일이 알려드립니다. 책쓰기 코치로서 17년 동안 경험한, 책이 쓰이는 쉽고 빠르고 근사한 기술을 통째로 전수해드립니다.

: 명함도 필요 없는 전문가 되기

저는 프리랜서지만 명함도 없이 일합니다. 제가 필요한 기업이나 기관이나 출판사나 개인이 검색하거나 추천받아 저를 찾아옵니다. 상대방은 제가 낸 책들을 살피며 저의 커리어와 전문성을 검토한 후에 연락하기 때문에 처음 만나는 자리라고 해서 명함을 주고받는 일이 없습니다.

저는 여태 현역입니다. 제 선배는 물론 동료, 심지어 후배들까지 퇴직하거나 퇴사하여 황망해 하는 나이지만 저는 오늘도 필드를 누비며 제 몫의 일을 합니다. 책을 써서 책으로 저의 전문성과 가치와 역량을 검증받고 인정받기 때문입니다. 제가 쓴 책들은 제 이름이 커뮤니케이션 전문가, 사고력을 계발하는 글쓰기 전문가로 사람들의 뇌리에 자리 잡게끔 도왔습니다. 게다가 제 이름값도 최고로 매겨 주게끔 했습니다.

저는 책을 쓰게끔 선동하는 일을 합니다. 책쓰기 같은 것은 꿈도 꿔 본 적 없거나 책쓰기라는 말만 들어도 기겁하는 사람들에게 "빵 굽기보다 쉬운 것이 책쓰기입니다"라며 유혹합니다. 그리고 이 말은 사실입니다. 빵은 반죽 상태, 발효 시간, 오븐의 온도 등 모든 조건에 따라 결과가 좌우되고 그 결과를 돌이킬 수 없습니다. 하지만 책쓰기는 따라 하고 고쳐 쓰다 보면 얼마든지 가능하고 얼마든지 좋아집니다.

그러니 당신도 책을 쓰세요.

책쓰기 수업? 시간이 없으면 듣지 않으셔도 됩니다. 책쓰기 코치? 마음에 들지 않으면 무시하셔도 됩니다. 서점에, 도서관에 쌓인 책들을 선생으로 삼는 '책 선생 따라 하기' 방법이면 쉽고 빠르고 근사하게 내 책을 쓸 수 있습니다. 게다가 요즘에는 출판사에서 적극적으로 작가를 찾아다닙니다.

'브런치'처럼 책에 담아낼 이야기를 써 모으게 돕고 '부크크'처럼 블로그에 쓴 글로 책을 만들도록 돕고 출판 제작비 펀딩까지 돕는 책쓰기 플랫폼도 지천입니다. SNS에 차곡차곡 글을 써 모으기만 하면 출판사에서 찾아와 책을 내자고 권합니다. 이런 환경을 지렛대처럼 활용하면 책쓰기는 SNS 쓰기보다 쉽습니다.

: 책을 쓰는 한 지금이 전성기!

늘 시간에 쪼들려 책은커녕 글 쓸 엄두도 내 본 적 없다, 책 한 번 써 보겠다는 용기가 없다, 책 쓰는 사람은 따로 있다고 믿어서 자격이 안 된다고 생각한다, 책 쓴다고 주위에 소문낸 지 시수 년인데 여태 끝을 못 봤다, 막상 책 써 보려니 어떻게 해야 되는지 막막하다, 한 줄 한 줄 쓸 때마다 자신감이 도망간다, 시작하고 포기하고 또 시작하고를 반복해 왔다, 15분도 집중해 글을 쓰기가 힘들다.

이런 일로 힘들고 불편했다면 이 책은 딱 당신을 위한 것입니다.

평생 훈장으로 여겨 온 학위나 지위, 자격증이나 커리어가 더는 영양가 없음을 눈치챘다, 차곡차곡 쌓아 온 커리어에 화끈한 추진력을 보태고 싶다, 좋아하는 덕질과 평생 해 온 오지랖질로 의미 있는 것을 만들고 싶다, 전성기가 지나 애달프거나 전성기를 앞당

기고 싶다.

이런 생각을 했다면 당신은 이 책의 독자입니다.

죽기 전에 책 한 권 내고 싶은 게 꿈이다, 인생 경험, 직장 경험, 부업이나 취미 등 내 이야기를 책으로 쓰고 싶다, 딸에게 작가 아빠를 선물하겠다며 큰소리쳤다, 평생 직장 생활로 얻은 전문성을 사장하고 싶지 않다, 덕질로 바친 돈이 꽤 된다, 남 문제 해결하러 다니느라 바빴던 오지라퍼다, 책 한 권 써서 배우자에게 다 죽은 기 살리고 싶다, 생각보다 빨리 회사를 떠나게 될 것 같아 방주가 돼 줄 책을 갖고 싶다.

이런 바람이 있다면 당신이 이 책의 독자입니다.

: 책 한번 쓰기가 꿈인 당신을 위한 책

2002년에 저는 지금은 세계 문화 전문가로 명사가 된 조승연 작가의 첫 책인 《공부기술》을 프로듀싱하며 책쓰기 코치로 일을 시작했습니다. '책쓰기 코칭, 책쓰기 코치'라는 말을 제가 만들어 사용했으니 원조가 분명합니다. 그리고 저는 2005년에 첫 책 《돈이 되는 글쓰기》를 쓰고 작가가 됐습니다.

현재 저는 하루 중 새벽에는 책을 쓰는 사람으로, 그 시간 이후에는 책을 쓰게 하는 사람으로 삽니다. 책쓰기 책도 앞서 두 권을 썼습니다만 이 책에서는 책쓰기 코치의 영업 비밀이라고 할 수 있는 치트 키를 소개합니다. 저에게 비싼 수업료를 내고 배우는 예비작가에게만 공유해 온 핵심 비결인 '책 선생 따라 하기'를 전격 공개합니다. 책쓰기 수업을 받지 않아도 책쓰기 코치가 없어도 됩니다. 이 책으로 '책 한 권 쓰기'라는 당신의 오랜 꿈을 이루어드리려고 합니다.

"변화를 일으키는 제 능력이 아니라 당신의 능력을 믿으세요."

버락 오바마 미국 전 대통령의 말입니다. 저도 그를 따라 해 이렇게 말하며 다시 한번 권유합니다.

당신의 책을 쓰세요. 책쓰기를 돕는 제 능력이 아니라 당신의 능력을 믿으세요. 인류의 오랜 지혜와 방법과 방식을 축적해 온 '책' 선생을 믿으세요.

막히고 궁할 때 바로바로 친절하게 답을 알려 주는 참고서처럼 언제든 필요할 때마다 '이건 이렇고 저건 저렇다'고 콕콕 짚어 알려 주는 개인 교사 같은 책 선생, 책쓰기 수업이나 책쓰기 코치라는 사람의 도움 없이도 원고를 쓰고 책을 낸 거의 모든 작가의 책 선생을 당신 곁에 들이세요.

당신에게도 누군가에게 들려주고 싶은 이야기 한 자락이 있지 않나요? 공유하면 참 좋을 생각이나 기술이나 노하우가 하나쯤 있지 않은가요? 그러니 이제 더는 미루지 말고 쓰세요. 당신의 책을 쓰세요.

추신

박사 학위 논문의 독자가 60명뿐이라는 데 좌절한 리드 호프만은 결국 박사 학위도 포기하고 기업가의 길로 들어섰습니다. 60명밖에 읽지 않는 논문에 그 많은 돈과 시간을 투자하는 것은 셈이 맞지 않는 장사라고 판단했기 때문입니다. 링크드인이 자리를 잡자 그는 창업한 경험을 책으로 썼습니다. 한국에서도 출간된 이 책은 전 세계 모든 언어로 출간됐는데요. 그의 책을 읽은 독자는 얼추 몇 명이나 될까요? 아무리 보수적으로 잡아도 박사 학위 논문의 독자 수인 60명의 만 배쯤은 되지 않을까요?

알면 더 쉽다, 책쓰기 용어!

초고? 꼭지? 마감?

이 책에서 자주 접하는 단어입니다. 출판 관련 용어이면서 출판사를 비롯한 관계자들이 흔히 입에 올리는 말들입니다. 미리 알아 두면 내용을 이해하고 출판사와 소통하는 데 큰 도움이 됩니다.

한 권의 내용을 워드 파일에 타닥타닥 입력하면 이것을 '원고(原稿)'라 부릅니다. 처음 쓴 원고를 '초고(草稿)'라 하고, 초고를 고쳐쓰기 하는 것을 '퇴고(推敲)한다'라고 합니다. 원고를 출판사에 보내는 것을 '투고(投稿)'라 하고, 출판사의 요청으로 원고를 수정하는 것을 '개고(改稿)한다'고 합니다.

원고는 한 편 한 편의 글 40편가량으로 구성되는데 이 한 편의 글을 '꼭지'라고 합니다. 출판 분야의 은어지요. 출판사에서 저자에게 원고를 받아 출판 작업을 담당하는 이를 '편집자'라 하고 영어로 '에디터(Editor)'라고 하지요. 편집자는 저자가 쓴 원고를 독자가 읽고 싶게 읽기 쉽게 온갖 작업을 합니다. 이를 '편집한다'고 합니다.

'작가'는 글을 쓰는 사람이며 '저자'는 책을 낸 작가를 말합니다. 이 책에서는 작가로 통일합니다.

| 목 차 |

_ 제2장

인생 작가 따라 하기

나에게 맞는 책쓰기 유형 찾기

_ 제3장

신데렐라 코스 따라 하기

SNS만 할 줄 알면 누구나 손쉬운 책쓰기

_ 제4장

책 선생 따라 하기

쉽고 빠르고 근사하게 시작하기

_ 제5장

무라카미 하루키 따라 하기

3개월 안에 뚝딱 초고 쓰기

_제6장

하버드생 따라 하기

책이 되는 글쓰기

_제7장

프로 작가 따라 하기

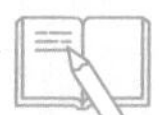

초고를 다 썼다, 다음부터 할 일

_ 제8장

책쓰기 마법사 따라 하기

송 코치의 책쓰기 수업 통째로 따라 하기

제1장

재테크 고수 **따라 하기**

디지털 시대 부자들의 필수 코스 '책테크'

세계 최고의 투자가 워런 버핏.
그의 집무실에 있는 장식이라고는 '데일 카네기 코스 수료증'뿐이라고 합니다.
워런 버핏이 자신의 성공에 큰 도움을 받은 증거라고 한다는데요.
어느 기자가 워런 버핏에게 이렇게 물었다고 합니다.

"다 아는 내용이 무슨 도움이 됐겠습니까?"

버핏 회장이 이렇게 대답했답니다.

"다 아는 것과 다 실행하는 것은 다르지 않소?"

책을 낸 후 **내 삶이 뒤집혔다**

: 재테크 고수들의 '책테크'

《부자 아빠 가난한 아빠》라는 책이 있습니다. 이 책은 "부자들은 돈을 위해 일하지 않는다"라며 '좋은 일자리를 얻고 돈을 모아 빚을 갚고 장기적으로 분산 투자하라'는 기존의 방법으로 충고하는 대신 현금 흐름이 발생되는 파이프라인을 구축하는 것이 중요하다는 등 부자 아빠만 아는 재테크 비법을 전수해 유명합니다.

재미난 점은 이 책의 저자 로버트 기요사키가 2012년에 파산 신청을 했다는 것입니다. 하지만 그는 투자자로서 실패했는데도 불구하고 여전히 부자 아빠입니다. 20년 전 출간된 이 책이 우리나라에서만 350만 부가 팔리는 등 세계적인 베스트셀러가 됐기 때문이지요. 로버트 기요사키가 세계적인 부자 아빠가 된 비결은 책을 쓰고 작가가 되어 인세와 강연료를 번 덕분입니다.

로버트 기요사키의 재테크 모델은 고스란히 대물림돼 소문난 재테크 고수들이 자신의 비결을 책으로 내고 강연과 워크숍으로 전수하고 있습니다. 그들 또한 인세와 강연료로 부자 아빠가 됐습니다. 재테크 고수들이 부자가 된 핵심 비결이 '책 쓰고 작가 되기'라면 우리도 도전하지 못할 이유가 없습니다.

"책을 내기 전에 나는 파리에서는 장사꾼으로(저속한 사람으로), 런던에서는 철학자로(지나치게 공론을 일삼는 사람으로), 뉴욕에서는 예언자로(당시 나의 틀린 예언 때문에 경멸적인 의미로), 예루살렘에서는 이코노미스트(물질만능주의자)로 불렸다. 책을 낸 후 나는 뉴욕에서는 거래자(존경받는 의미)로, 런던에서는 이코노미스트로, 프랑스에서는 철학자로, 이스라엘에서는 예언자(매우 야심적인 기획)라는 가당찮은 칭호에 맞춰 살아야 하는 스트레스를 받았다."

이 글은 쓴 사람은 미국의 금융 분석가인 나심 탈레브입니다. 첫 책 《블랙스완》을 내고 그 영향력이 얼마나 컸는지를 설명했습니다. 저는 나심 탈레브 박사의 말에 100퍼센트 수긍합니다. 정말로 책을 내면 이렇듯 삶이 뒤집힙니다. 책을 내기 전에는 절대 모릅니다. 삶이 어떻게 변하는지. 책을 내 봐야 압니다. 어떻게 그 책이 돈벌이에 기여하는지.

저도 딱 그랬습니다. 2005년에 《돈이 되는 글쓰기》를 한 권 냈을 뿐인데 그날 이후 제 삶은 완전히 뒤집혔습니다. 책을 사 보던 독자에서 책을 쓰는 작가가 되고 심지어 재테크 고수들에게 책으로 하는 재테크를 가르치는 사람이 됐습니다.

'빠숑, 서울휘, 청울림, 야생화….'

부동산 재테크에 조금이라도 관심 있는 분이라면 이들을 잘 알 것입니다. 저는 투자맹이지만 이 이름들은 아주 잘 압니다. 왜냐하면 모두 제가 진행하는 '송숙희책쓰기교실'에서 함께했기 때문입니다. 부동산 투자에 성공해 원하는 삶을 살고 있거나 부동산 투자와 관련한 연구 개발을 해 온 커리어를 바탕으로 SNS에서 활동하는 등 내로라하는 재테크 고수들에게 저는 책으로 하는 재테크 비법을 전수했습니다. 그 결과 이 재테크 고수들은 자기만의 콘텐츠로 책을 쓰고 그 책이 불러오는 부와 작가라는 명성으로 영향력을 발휘하며 많은 이가 부러워하는 삶을 살게 됐습니다.

재테크 열풍은 어제오늘의 일이 아닙니다. 하지만 퇴사는 빨라지고 수명은 늘어나는 극한 상황에서 돈벌이를 배우는 사람들의 광풍이 무섭습니다. 신기한 일은 재테크라고는 1퍼센트 남짓한 은행 금리를 받는 게 전부인 저에게 '책테크'를 알려 달라고 청하는 재테크 고수들이 많다는 것입니다.

베스트셀러 작가이자 미국의 유명한 마케팅 전문가인 세스 고딘은 책쓰기를 연쇄 반응을 일으키는 '도미노 프로젝트'라고 말합니다. 책을 쓰는 것은 우리 모두의 욕망인 돈과 명예에 더해 새로운 부의 상징인 영향력까지 안겨 주는 도미노의 첫 조각을 쓰러뜨리는 일입니다.

: 투자금 없이도 죽을 때까지 10억 원 자산가로 살려면

"아이들 공부시키며 먹고살면서 10억 원을 벌려면 어떻게 해야 할까요?"

부자로 살고 싶은 직장인들의 모임에 초대받아 진행한 강연에서 제가 한 질문입니다. "책을 쓰면 됩니다"라고 답도 말했습니다. 분양, 아파트, 경매 등 부동산 재테크 투자 방법론을 공부해 온 고수들 앞에서 책으로 재테크를 하자고 제안한 것입니다. 부동산 투자가 예전 같지 않을 것 같다고 하니, 이제 책테크를 하자는 말이었습니다.

독자에게 어필하는 책을 한 권 쓰면 월 최저 생계비 130만 원은 벌 수 있습니다. 130만 원은 지금 같은 저금리 시대에 10억 원을 은행에 유치했을 때 받을 수 있는 월 이자입니다. 이를 그 자리에 함께한 분들은 제가 더 설명하지 않아도 알아들었습니다. 저는 책을 쓰면 10억 원을 모으느라 허리가 휘지 않아도 매달 이 정도 돈을 당장 벌 수 있다고 역설했습니다. "책테크는 피 같은 돈을 1원도 투자하지 않아도 되는 '무피투자'입니다"라고도 말하며 그 분야 은어도 입에 올렸습니다. 그야말로 번데기 앞에서 주름을 잔뜩 잡았지요. 큰 박수를 받았습니다.

책테크는 책으로 하는 재테크입니다. 재테크에서는 안전하게 수익을 많이 올리는 것이 가장 중요합니다. '내 돈을 얼마나 넣고 그 돈이 얼마나 벌어오느냐'가 관건이므로 밑천 없이는 투자가 불가능합니다. 그런데 책테크는 내 돈 한 푼 들지 않는 초대박 투자입니다. 부동산이나 주식 투자로 수익을 내려면 위험 관리가 필수지만 책테크는 전적으로 안전합니다. 일반적으로 책을 낼 때는 작가가 원고를 쓰고 그 원고를 책으로 만들어 파는 일을 출판사가 합니다. 작가는 1원도 투자하지 않기 때문에 투자 위험률이 '0'입니다. 투자금이 0원이기에 실패했을 때 원금을 떼일 위험도 없습니다. 투자금 제로, 위험 제로, 고수익을 보장하지요.

이렇듯 책테크는 지식 사회가 낳은 투자 모델입니다. 생각을 팔아 부자 되는 투자 방식이지요. 지식과 경험과 기술과 노하우를 책으로 만들어 파는 심플한 재테크입니다. 이 책테크의 매력은 책을 내고 작가가 되면 자동화 수익의 꿈을 이루게 된다는 것입니다. 자동화 수익이란 시스템을 갖추면 수익이 저절로 발생하는 사업 방식을 말합니다. 책테크로 이루는 자동화 수익은 어떻게 이뤄지는지 보시겠습니까?

손대지 않고 돈 버는 자동 수익화

① 원고를 써서 출판사에 팔면 내 돈 한 푼 안 들이고 책을 냅니다.

② 책을 출간하면 출판사로부터 저작권 사용료, 즉 인세를 받습니다.

③ 책이 나오면 출판사에서 다양한 방법으로 홍보와 마케팅을 해서 책을 팝니다. 대형 서점과 인터넷 서점은 물론 동네 서점에서도 내 책을 팔기 위해 진열하고 추천하고 판촉도 합니다. 책이 한 권씩 팔릴 때마다 내 통장에는 인세가 쌓입니다.

④ 책을 내면 기업, 관공서, 학교 등에서 강연을 요청합니다. 사실 수입은 강연료가 제일입니다.

⑤ 책을 내고 강연을 통해 그 방면의 전문가로 알려지면 도움이 필요한 이가 컨설팅이나 자문을 요청합니다. 이 비용은 어디 강연료 못지않게 수익률 높은 알짜입니다.

⑥ 책을 내면 신문, 잡지 등 미디어에서 원고를 청탁합니다. 사보는 연간 연재도 가능하니 이 또한 쏠쏠한 수입원입니다.

⑦ 해당 분야의 전문가가 쓴 책이라고 인정받으면 기업이나 기관으로부터 자문 역을 제안받습니다. 회의에 출석하고 몇몇 자문을 하는 것으로 약정한 기간 동안 보수를 받습니다.

⑧ 다른 출판사로부터 묻지도 따지지도 않고 '책 내자'는 제안을 받습니다.

책 한 권 냈을 뿐인데 이렇게 다양한 채널로 수입이 발생합니다. 그것도 자동으로, 도미노처럼 연쇄적으로 일어납니다. 생각을 책, 강연, 코칭, 자문으로 가공해 파는 일은 별도의 생산 비용이 들지 않습니다. 이렇듯 책을 쓰고 작가가 되면 얻는 크고 작은 직간접적인 수익과 혜택을 늘어놓으려면 밤을 새도 부족합니다.

: 돈, 명예, 영향력, 자유까지 모두 얻는 필수 코스

지난 정권에서 장관을 지낸 후 텔레비전과 소셜 미디어에서 크나큰 영향력을 발휘하고 여권 대통령 후보로까지 꼽히는 유시민 작가. 보통 사람인 저는 유시민 작가에게 영향력으로나 유명세로나 '짬'이 되지 않습니다. 그런데 서점에 가면 이야기가 달라집니다. 유시민 작가의 책 옆에 제 책이 나란히 진열돼 있습니다. 그의 책이나 저의 책이나 서점에서 점유한 공간이 일대일입니다. 아시다시피 서점에서는 잘 팔리는 책에 진열 공간을 더 많이 제공합니다.

책쓰기 코칭을 17년간 해 오면서 사람들에게 책으로 하는 재테크의 매력을 열렬히 부르짖습니다. 그 매력 중 압권은 이처럼 책 한 권으로 프로를 이길 수 있다는 것입니다. 출판은 보기 드물게 프로와 아마추어가 하나의 링 안에서 싸우는 '프로암 게임'이기 때문입니다. 이 덕분에 글이라고는 난생처음 써 본 사람의 책이 교보문고나 영풍문고 베스트셀러 1위를 차지하는 기적이 일어나기도 합니다.

게다가 책테크는 초기 투자금이 1원도 필요 없습니다. 자본을 투자하지 않으니 위험도 없고 속이 끓지도 않고 투자가 실패할 일도 없습니다. 그래서 투자맹인 저 같은 사람에게는 부동산 투자를 능가하는 재테크 수단입니다.

책쓰기에 필요한 최소한의 투자는 책 한 권 치의 이야기뿐입니다. 책 한 권 치의 이야기는 녹록지 않은 인생을 살다 보면 누구나 다 갖게 마련이고요. 그래서 누구든 책테크에 도전할 수 있고 또 성공할 수 있습니다. 이 덕분에 바람직한 방향으로 인생이 뒤집히고 상당한 투자 수익까지 챙길 수 있습니다.

하워드 스티븐슨. 그는 하버드 경영대학원의 전설이자 '기업가 정신의 아버지'로 불립니다. 하지만 그는 하버드대학교 종신 교수 자리를 자발적으로 포기하고 대학 문을 나섰습니다. 그의 말입니다.

"나는 35년 동안 경영자이자 경영대학원 교수였다. 그동안 조직의 삶을 관찰하고 또 견뎌 오면서도 분개할 일에 분개하지 않았고 희망을 가질 일에 희망을 갖지도 않았다. 그것이 참으로 후회스럽다."

하버드대학교 종신 교수 대신 그가 선택한 일은 책을 쓰고 기업들에 경영 컨설팅을 하는 것입니다.

크리스 앤더슨. 축구 선수 출신으로 뉴욕 코넬대학교에서 정치학 교수로 재직하던 무렵 아내가 건네줘 《머니볼》이라는 책 한 권을 만났습니다. 책은 그의 오랜 꿈에 불을 붙였지요. 결국 크리스 앤더슨은 종신 교수직을 떠났습니다. 그리고 《지금껏 축구는 왜 오류투성이일까?》를 낸 후 세계적인 축구 클럽들을 대상으로 축구 데이터 및 숫자 활용 방법에 대한 컨설팅 사업을 하며 삽니다.

김정운 문화 심리학자가 대학교수를 그만둔 이유는 하고 싶은 일만 하며 살고 싶어서입니다. 교수라는 사회적 지위의 달콤함을 내던진 그는 지금 하고 싶은 일을 하고 그 경험을 책으로 쓰며 삽니다.

남들이 부러워 마지않는 종신 교수직 대신 이들이 선택한 것은 바로 책 쓰는 일입니다. 책쓰기는 이렇듯 자유를 보장하는 최소한의 안전장치입니다.

내 경력에 핵무기를 달아 **승승장구하자**

: 이름값을 최고로 비싸게 보장받는 방법

팀 페리스는 프린스턴대학교에서 '기업가 정신'을 강의하며 글로벌 CEO, 석학, 언론들에서 이 시대 가장 혁신적인 아이콘으로 평가받고 있습니다. 그는 원래 세일즈맨이었습니다. 운동선수의 뇌 기능 향상에 도움을 주는 영양제를 팔았는데요. 온라인 회사를 차려 자신이 일일이 관여하지 않아도 판매 관련 업무가 자동으로 굴러가게 만들었고 이 경험을 책으로 냈습니다.

《나는 4시간만 일한다》가 창업을 꿈꾸는 사람들의 바이블로 알려지면서 그는 일약 작가로, 자기계발 전문가로, 강사로, 컨설턴트로 활약하게 됐습니다. 이 바람에 그는 적게 일하고 오래 돈 버는 자동화 수익 시스템의 원조가 됐지요. 책 한 권 냈을 뿐인데 킥복서, 탱고 댄서, 영양제 판매원이던 그가 세계적인 영향력을 발휘하고 부를 축적하는 유명인사가 됐습니다. 책쓰기의 영향력은 이토록 지대합니다.

미국인들의 마음을 다독여 온 철학자 에머슨은 이런 말을 했습니다.

"어떤 사람이 주변 사람보다 더 나은 책을 쓰면 그 사람의 집이 숲속에 있을지라도 사람들의 발길이 끊이지 않아서 그곳에 이르는 길이 넓게 단단하게 잘 다져져 있을 것이다."

저는 이 말을 전적으로 실감합니다. 저는 첫 책을 내고 작가가 됐을 때 한반도 땅끝에 살고 있었는데요. 제 책을 읽고 저를 만나고 싶어 하는 사람들이 땅끝까지 멀다 않고 찾아왔습니다. 기업들도 저를 찾아내 교육을 맡겼고 출판사들은 다음 책, 다다음 책을 같이하자며 제안했습니다. 제가 쓴 책이 사람들이 저를 찾아오도록 길을 만들어 준 것입니다.

책을 쓴다는 건 당신이 어떤 분야의 전문가라는 사실을 아이피오(IPO) 하는 것과 같습니다. 아이피오는 기업이 설립 후 처음으로 외부 투자자에게 주식을 공개해 파는 작업으로 '기업 공개'라고 합니다. 기업 공개 과정에서 기업은 외부 자금을 투자받거나 은행에서 빌리는 등 사업에 필요한 자금을 조달하기가 아주 쉬워집니다. 말하자면 기업에게 아이피오란 격이 달라지는 포인트입니다.

책을 낸다는 것도 자기 분야의 전문가로서 사회에 공인받는 일입니다. 한 사람의 전문가로 아이피오 하면 기업이나 기관의 파트너로서 손색이 없다는, 즉 프로페셔널로 공식 인증을 받는 셈이지요. 그러면 개인으로 일하면서 기업이 요구하는 수준에 맞추려고 적잖은 비용으로 마케팅하지 않아도 됩니다.

책을 낸 작가라는 사실은 당신의 경력이나 비즈니스에 신뢰감과 힘을 부여합니다. 자연히 동업자들보다 가격 경쟁에서 유리한 조건을 선점하겠지요. 또한 당신이 낸 책은 당신이 또 다른 기회를 투자받아도 될 만한 신뢰도와 가치를 지닌 인물임을 어필합니다. 돈을 가진 이들은 신뢰할 대상을 찾아내 일을 맡기는 법이니까요.

책을 내고 작가가 되면, 즉 당신의 존재를 아이피오 하면 언론에서도 관심을 갖습니다. 언론에 노출되면 당신의 이름 석 자는 더욱 공공성을 갖게 됩니다. 당신을 찾는 발길이 더욱 많아지고 당신에게 내미는 손길이 더욱 바빠집니다. 책 한 권 냈을 뿐인데 당신의 지위는 이렇게 달라집니다.

저는 여전히 서울이 아닌 곳에서 책테크를 하며 삽니다. 여전히 제가 필요한 기업이나 기관이나 사람들이 제가 사는 '숲속'까지 찾아와 제안과 요청을 합니다.

: 전문가로 인정받는 전문직이 되려면

월수입 200만 원을 넘지 못하는 변호사가 수두룩하다지요? 파산 신청인 가운데 태반이 의사, 한의사라고 합니다. 교수로, 공무원으로 정년퇴직해 봤자 명함 없이 살아야 할 길고 긴 시간이 기다리고 있지요? 회사를 떠나 혼자 먹고살아야 할 시간이 무진장 길어지면서 면허나 학위나 자격증에 매진하는 사람이 더 많아졌다고 합니다. 그런데 그런 증명서를 확보하는 데 들인 돈이며 시간이며 노력은 천문학적인데 막상 그것으로 소득이 생기지 않는다면 무슨 소용이 있겠어요. 면허나 학위나 자격증으로 가능한 일은 인공 지능이 속속 대체할 텐데 말입니다.

제게 조언을 청하는 직장인들 가운데는 '퇴사 후를 대비해 박사 학위를 따 볼까요?'라고 묻는 사람이 많습니다. 저는 선뜻 동의하지 못합니다. 박사 학위가 위안은 될지언정 지속적인 소득을 보장하지는 않아서요. 게다가 학위를 받을 때까지 드는 시간과 비용과 에너지를 생각하면 퇴직을 대비하는 데 그리 권할 방법은 아니라고 생각합니다.

지금까지는 돈을 벌려면 학위에 자격증에 면허도 필요했습니다. 이를테면 내가 '이런 사람이오'라는 증거가 필요했지요. 그런데 세상이 바뀌었고 룰도 바뀌었습니다. 학위가 아니라 아이디어, 자격증이 아니라 문제 해결 능력, 면허가 아니라 레퍼런스를 요구하는 시대입니다. 얼마나 오래 살지 모르는데 학위니 자격증이니 면허니…. 이런저런 증거 남기는 데 돈 쓰지 마시고 당신이 증거 자체가 되기를 권합니다. 증거 말고 수입을 가져다주는 일을 만드세요. 언제까지 살든 할 수 있는 일을 만드세요.

제가 말하는 일이란 누군가의 문제를 해결해 주면서, 즉 남을 도우면서 나에게 소득이 일어나는 경우를 말합니다. 일을 하며 누군가를 도우며 그 경험을 남겨 책을 쓰세요. 그러면 책이 또 일을 가져다준답니다. 이런 식의 일은 영업이나 마케팅같이 흔적 없고 효과 없는 비용을 요구하지도 않습니다.

'책을 쓰면 전문가가 될 수 있다면서요?'

이런 질문을 꽤 자주 받습니다. 전문가로 인정받고 싶어서 책을 쓰려는지는 몰라도 제 대답은 '아니오'입니다. 책을 쓴다고 전문가가 되거나 전문성이 저절로 갖춰지는 것이 아닙니다. 또 '내가 전문가오'라며 책을 내는 것과 전문가로 인정받는 것은 별개입니다. 다만 해당 분야에서 전문적인 경력을 쌓아 왔다면 또 특정한 분야에서 전문가에 준하는 '덕질'을 해 왔다면 책쓰기로 전문가 반열에 오를 수 있습니다.

누군가의 문제를 해결해 준 경험이나 작업 과정을 아이디어로 포장하고 노하우를 체계적으로 정리해서 책으로 출간한다면 전문성을 갖춘 전문가로 인정받습니다. 일반 의사가 전문의가 되려면 전문성을 볼 수 있는 논문을 써야 하고 이를 토대로 인터뷰 심사를 받아야 합니다. 인터뷰 심사에 통과하면 전문의가 되는데 책을 쓰고 전문가로 인정받는 일도 이와 비슷합니다.

당신은 혹시 '사' 자 직업을 가진 전문직에 종사합니까? 일반적으로 전문직 종사자들은 홍보와 마케팅에 몹시 서툽니다. 저를 찾아온 전문직 종사자들은 홍보와 마케팅 대행을 맡겨도 비용 대비 효과가 크지 않고 성에 안 찬다고 입을 모읍니다. 이럴 때 저는 책쓰기를 제안합니다. 책을 쓰면 비용을 따로 들이지 않고도 홍보와 마케팅이 저절로 되며 되레 다양한 수익원이 창출된다고 설명합니다.

경영 컨설팅으로 유명한 피터 드러커는 칼럼이나 책을 쓰는 것으로 영업, 홍보, 마케팅을 대신했습니다. 의뢰인들은 그의 글을 읽고 찾아와 고객이 됐습니다. 홍보와 마케팅이 필요한 전문직 종사자라면 피터 드러커의 모델을 따를 필요가 있습니다. 회사를 경영하는 사장님들이 책을 쓰는 것도 책이라는 마케팅 도구의 위력을 잘 알기 때문입니다.

재테크를 비롯해 독서, 글쓰기, 인문학 특강 등 자기계발 프로그램에 시간과 비용 투자를 아끼지 않는 직장인이 많습니다. 그런데 투자에 대한 수익을 내는 이는 많지 않습니다. 가만히 보면 그들의 증세는 공부를 안 하면 불안해서 계속 공부하는 '공부 중독'일 뿐입니다.

미래가 불안불안한 직장인에게 책쓰기는 초강력 자기계발 프로그램입니다. 책을 한 권 쓰는 일은 선물 세트나 다름없습니다. 읽기, 생각하기, 쓰기라는 기본적인 자기계발은 물론 누군가의 문제를 해결해 주면서 자신의 문제도 해결하는 윈윈 프로그램이지요.

원래 책쓰기는 스스로를 계발하는 독학에 최고의 방법이었습니다. 1826년 영국 런던과 1829년 미국 보스턴에서는 자기 교육, 즉 독학을 위한 책을 출간하기 위해 '유용한 지식의 확산을 위한 모임'이 결성되기도 했습니다. 게다가 책쓰기라는 자기계발은 특별한 능력이 따로 필요하지도 비용이 들지도 않습니다. 컴퓨터를 할 줄 알면 아무리 늦은 나이라도 상관없습니다.

: 개성 있는 자기표현 자기 연출을 위한 책쓰기

"유명 출판사에서 책을 출판하면 커리어나 능력, 전문성을 객관적으로 입증하는 길이다."

"스마트폰으로 언제든 볼 수 있는 콘텐츠가 차고 넘치면 고품질 정보에 대한 갈망이 더욱 심해질 것이다."

이 번뜩이는 통찰은 국내 2대 포털 사이트인 네이버와 카카오의 대표 이사를 지낸 사람들의 것입니다. 디지털 시대에 종이책을 출판한다는 것이 어떤 의미를 지니고 어떤 가치를 유발하는지 적극적으로 설명합니다.

유행은 돌고 돈다고, 글로벌 마케팅 리서치 회사 민텔에서 작성한 보고서에 따르면 인쇄 미디어와 우편 광고물이 다시 유행하고 있습니다. 디지털 시대에 인쇄물은 희소해서 오히려 신선함을 띠게 됐다고 평가합니다.

“제가 어느 정도 창의적인 부분에 대해서는 조금 경쟁을 해 볼 수 있다고 생각했는데 지적인 이미지는 너무 부족한 거예요. 그리고 말도 어려운 단어를 써서 얘기하는 걸 잘 못해요. 그런 단어를 알고 있어도 금방 까먹고요. 그래서 지적인 이미지를 보완하기 위해서 책을 계속 읽고 페이스북으로 올리면서 독서 활동이 시작됐죠.”

스마트폰 애플리케이션 ‘배달의 민족’을 서비스하는 우아한형제들 김봉진 대표의 고백입니다. 김봉진 대표는 ‘있어 보이고 싶어서’ 독서 활동을 시작했고 그것에 대해 책을 썼습니다. 이 책을 출간함으로써 김 대표가 의도한 ‘지적으로 있어 보이기’는 수십 배, 아니 수백 배 증폭됐으리라고 추측합니다.

책은 일반 인쇄물이나 디지털 미디어와는 차원이 다른 매력을 어필합니다. 눈으로 보고 손으로 잡을 수 있어서 내보이며 자랑하기에 참 좋습니다. 그런 만큼 책쓴이에 대한 신뢰도가 전자책이나 SNS보다 훨씬 높습니다. 이런 특장점이 김봉진 대표처럼 기업 경영에 바쁜 이들이 부족한 시간을 쪼개 책쓰기에 할애하도록 만듭니다. 주의할 점은 쓰고 싶은 대로 써서는 책쓰기의 이러한 특장점을 누리지 못한다는 것입니다. 어떻게 보이고 싶은지를 면밀하게 계산해 연출하는 기획이 중요합니다.

"글은 자신을 있는 그대로 나타내는 것이 아니다. 오히려 자신을 어떻게 보일 것인지를 상정하고 '보이고 싶은 자신'을 연출하는 것이다. 그러므로 리더라면 문장을 연구하여 보다 '지적인 자신, 솔직한 자신, 개성적인 자신을 연출'함으로써 자신을 어필해야 한다."

일본의 커뮤니케이션 전문가 히구치 유이치의 조언인데요. 우리나라에서 책쓰기 코칭이라는 분야를 개척한 제가 지금껏 가장 많이 받아 온 요청도 이미지 쇄신, 즉 '자기 연출을 위해 책을 쓸 테니 도와 달라'는 것입니다.

책쓰기야말로 단번에 자신이 원하는 자기 연출을 할 수 있다고 믿기 때문에 퇴직이나 퇴사한 개인부터 직장인, 자영업자, 프리랜서는 물론 중견 기업가, 교수, 고위 계급의 군인, 공무원에 이르기까지 책쓰기 코칭을 요청합니다. 실제로 잘 기획되고 잘 쓰인 글은 고상한 물성의 책으로 거듭나면서 독자가 탐내고 사회가 탐하는 자기 연출이 가능합니다. 비용 한 푼 들이지 않고 말입니다.

책 뒤표지에는 이런 바코드가 있습니다. 서점 등 공인된 경로로 유통하는 데 필요합니다. 이 바코드의 이름은 '국제표준도서번호(International Standard Book Number), 아이에스비엔(ISBN)'이라고 합니다. 전 세계에서 출간돼 유통되는 모든 책은 초판 및 개정판과 증보판에 고유 번호, 즉 바코드를 받습니다. 이 바코드에는 국가별 번호, 출판 발행자 번호, 도서명 식별 번호 등이 숫자 13자리로 표시돼 있습니다.

하나의 바코드는 딱 한 권의 책에만 붙습니다. 내 책에 찍힌 바코드는 온 세계에서 유일한 책이라는 증거입니다. 책쓰기로 보이고 싶은 자신을 연출하면서 그 이름에 세계 유일의 식별 기호까지 붙일 수 있다니, 이런 매력적인 일이 또 있을까요?

책을 쓰는 한
당신은 언제나 전성기

: 생각보다 오래 살면 뭐 하고 살지?

"만일 내가 정년퇴직할 때 앞으로 30년을 더 살 수 있다는 생각을 했더라면 난 정말 이렇게 살지는 않았을 것이다. 나는 아직도 정신이 또렷한데…."

공무원으로 정년까지 일하고 65세에 퇴직해 연금으로 여생을 즐기던 95세 어르신이 쓴 글의 일부입니다. 인터넷에서 심심하면 한 번씩 실시간 검색어로 회자됩니다. 95세 생일에 어르신은 '왜

30년이라는 소중한 인생을 무기력하게 낭비하면서 살았을까?' 하고 뼈아픈 후회를 들려줍니다.

'밥값은 아버지가 내세요.'

이런 말을 듣는 100살 어르신도 있습니다. 일주일에 한 번꼴로 자녀들과 식사하는 어르신은 퇴직해서 수입이 없는 70대 아들을 대신해 밥값을 내는 '현역' 아버지인데요. 바로 김형석 연세대학교 명예 교수의 이야기입니다.

"저는 98세 때 1년 동안 제일 건강하게 일을 좀 많이 한 셈입니다. 그해 책도 두 권이 나왔고요. 그리고 또 160회 이상 강연도 다녔고요. 그래서 '98세 1년이 제일 제 인생에서 보람 있는 나이가 아니었던가' 그런 생각을 해 봅니다."

김형석 선생님이 100살에도 왕성하게 현역으로 일하며 보람찬 삶을 사는 비결은 지속해서 책을 내는 것입니다. 책을 내는 한 현역으로 언제든 독자와 만날 수 있기 때문입니다. 미국에도 이런 사람이 있습니다. 바로 피터 드러커입니다. 95세에 별세할 때까지 평생 책을 쓰고 기업에 컨설팅하는 일을 했습니다. 그는 40여 권의 저서 가운데 절반 이상을 65세 이후에 썼는데 돌아가시기 전 10년 동안, 85세부터 95세까지에만 10권을 썼다고 합니다. 피터 드러커는 "책쓰기야말로 평생에 걸친 완벽한 자기계발"이라며 제자들에게 책부터 쓰라고 권했습니다.

19세기 폴란드 시인 치프리안 노르비트는 행복한 인생을 살려면 세 가지가 필요하다고 했습니다. 우선이 '먹고사는 일'입니다. 두 번째는 '목숨 바칠 정도로 재미있는 일'입니다. 세 번째는 '의미 있는 일'입니다.

저는 책을 쓰며 흥미, 재미, 의미 세 가지 맛을 골고루 갖춘 최고의 인생을 삽니다. 책으로 먹고살며 책 내용을 주위에 나누며 의미 있게 생활합니다. 선배는 물론 동료와 후배들까지 퇴직이나 퇴사로 회사를 떠나 어떻게 살지 헤매고 있지만 저는 책을 쓰며 여전히 전성기를 구가합니다. '책을 쓰는 한 전성기!'라는 말에 따라 해마다 책을 한 권씩 쓴다면 해마다 전성기가 찾아오는 셈이지요.

: 부모로서 남기는 최고의 유산, 책 한 권

"이 디바이스는 아주 단순합니다. 별도의 케이블이나 전원이 필요 없죠. 전원이 꺼질 염려가 없고 아무 데서나 즉시 구동이 가능합니다. 400그램의 초경량 보디에 휴대하기 편한 7.5×8인치 화면. 펼치면 15인치 와이드 스크린. 고선명(HD) 급 화질에도 로딩 시간이 전혀 걸리지 않습니다. 모서리를 접어 쉽게 표시도 할 수 있죠. 정말 놀랍지 않습니까?"

아이폰 광고 같아 보입니다. 하지만 놀랍게도 책 광고에 쓰인 문구입니다. 전자책을 읽을 수 있는 기기를 세상에 처음 내놓은 장본이라고 할 스티브 잡스가 생전 마지막으로 한 프로젝트는 자서전 쓰기였습니다. 스티브 잡스라면 자신의 자서전을 아이폰이나 아이패드로 읽으면 좋을 전자책으로 출간해야 마땅했을 것입니다. 그러나 그는 종이책을 고집했고 자신을 그리 좋아하지도 않는 한 언론인에게 삼고초려를 해 자서전을 써 달라고 부탁했습니다. 자서전을 쓰기로 허락한 월터 아이작슨 작가는 그에게 왜 자서전을 그토록 부탁했는지 물었습니다.

"제 아이들에게 보여 주려 합니다. 자기 아버지가 어떠한 삶을 살았고 어떻게 지내 왔는지 어떠한 사람이었는지 말입니다."

이렇게 말할 때 그는 이미 더 손쓸 수 없을 정도로 몸이 망가진 뒤였다고 합니다. 책테크의 백미는 자녀에게 아버지, 어머니로서 그 인생과 그 생각을 보여 주고 유산으로 남길 수 있는 것이라고 생각합니다. 또 부모님과 가족에게 우리 딸, 우리 아들, 우리 동생, 우리 형, 우리 누나의 생각과 일을 보여 줄 수 있다는 것입니다. 배우자가, 자녀가, 가족이 내가 쓴 책을 볼 때마다 나를 기억해 주기를 기대하면서 말입니다.

: 정신과 의사보다 나은 책쓰기의 힘

"사람은 창조적이고 자신을 표현할 수 있는 활동을 하며 만족을 느낀다. 이러한 활동을 통해 근본적인 자기 변화의 수준에 도달하지 못할 수도 있지만 그 만족은 세속적인 본성을 지닌 우리 영혼의 구미와 잘 맞는다."

목공예가 피터 콘이 쓴《장인의 공부》에 나온 한 구절입니다. 산업 사회에 이어 지식 사회가 본격적으로 전개되면서 정신적 활동으로 먹고사는 사람들이 급속히 늘어 갑니다. 이런 사람들 가운데 직위나 직급에 상관없이 요리에 빠지고 목공에 빠지는 등 실체가 있는 활동에 빠지는 경우를 많이 봅니다.

정신적 활동은 시작도 끝도 없는 어떤 작업이나 과정의 한 부분을 맡아 되풀이하는 게 보통인데 이런 일을 오래 하다 보면 피터 콘의 말마따나 정신적 영양 결핍을 앓습니다. '결핍된 영양'이란 앞서 인용문에서 말하는 '창조적이고 자신을 표현할 수 있는 활동을 하며 느끼는 만족'입니다.

정신적 활동으로 먹고사는 제 친구는 분기마다 열흘씩 해외여행을 가야 직성이 풀립니다. 그렇게라도 코에 바람을 넣어 주지 않으면 직장 생활을 견딜 수 없다고 합니다. 그로 인해 부부 싸움도 잦고 통장 잔고가 늘 마이너스라고 징징대면서도 여행을 그만둘 수 없다고 하소연하는데요. 여행지에서 돌아오는 비행기를 탈 때면 그렇게 비감스러울 수가 없다고 합니다.

또 다른 친구는, 이 친구 역시 정신적 활동을 주로 하는 직업을 가졌습니다. 가죽 공예, 액세서리 공예, 자수 공예, 가구 공예, 빵 굽기까지 제 손으로 만드는 것이라면 무엇이든 합니다. 거의 일주일에 한 번씩 친구의 작품이 택배로 제게 오는데요. 작품에 곁들인 쪽지에는 '이번에도 세트 장비를 구입해 큰돈이 들었다'고 적혀 있습니다.

여권 갱신이 취미라고 말하는 그녀가 몹시 부러우면서도 제 손으로 무엇이든 척척 만들어 내는 친구가 존경스러우면서도, 여행 경비를 걱정하지 않아도 장비 세트를 매번 새로 들이지 않아도 되는 저의 취미를 떠올리면 부러움이 싹 가십니다. 매일 한 쪽의 글을 창조하면서 글로써 나 자신을 표현하는 저의 취미이자 일인 책 쓰기를 떠올리면 부러움을 밀쳐 내고 자신감이 자리합니다.

그러고 보니 책 한 권 쓰는 일만큼 빠르고 근사하게 지금 당장 가능한 창조 행위는 없는 듯싶습니다. 그래서 책을 한 번도 안 쓴 사람은 있어도 책을 한 번만 쓰는 사람은 없는가 봅니다. 첫 책을 쓰기는 생각보다 어려울 수 있는데 그 어려운 일을 뚝딱해 낼 수 있는 이유는 어떤 일보다 창조적이고 자신을 표현하는 데 적합하기 때문인 듯합니다. 그래서 한 권이 두 권 되고, 두 권이 세 권 되는 것임을 잘 알겠습니다.

누구나 자주 걸리기 쉬운 '정신적 영양 결핍'을 치료하는 데 책 쓰기만큼 싸게 먹히는 처방도 없습니다. 화가처럼 물감이 필요하지도 않고 바이올린 연주자처럼 바이올린이 없어도 되고 패션 디자이너처럼 원단이 필요 없습니다. 싸게 먹히는 정도가 아니라 비용이 전혀 들지 않는군요. 책쓰기에 필요한 유일한 도구인 컴퓨터 한 대쯤 다 있을 테니까요.

오직 나만을 위한 일, **책쓰기**

: 책쓰기가 한 번으로 끝나지 않는 이유

"첫 책을 냈을 때 기억이 참 좋았거든요. 5년마다 한 번씩 내가 살고 있는 삶을 정리해 보면 좋겠다고 생각했는데, 7년이 지나 두 번째 책을 쓰게 됐네요."

벌써 두 권의 책을 낸 배우 하정우의 말입니다. 이처럼 책쓰기를 통해 그간의 삶을 정리해 볼 수 있어서 좋았다고 자랑하는 경우가 많습니다. 하정우 작가는 걷기가 주는 선물은 길 끝에서 갑

자기 주어지는 거창한 것이 아니었다고, 길 위에 있는 것 자체가 걷고 있는 자신에게 선물이었노라고 말합니다.

책쓰기도 딱 이렇습니다. 책이라는 결과물보다 책을 쓰는 동안의 그 여정이 선물입니다. 누군가는 '성공'이라는 이름으로 부단히 위로 위로 치솟으려 하지만 책을 쓰는 사람들은 위가 아니라 앞을 목표합니다. 책쓰기는 어제의 나보다 조금 앞으로 한 발 내딛는 성장을 돕습니다. 그러므로 책을 한 권 쓰는 것은 오직 나만을 위한 투자입니다. 어쩌면 평생 처음 자신에게 투자하는 일일지도 모릅니다. 투자인데 돈 들이는 일 없이 위험 없이, 다만 시간을 쪼개고 마음을 들일 뿐이어서 마침내 책을 쓰고 작가가 된 사람들은 이런 호사가 없었노라 입을 모읍니다.

"글을 쓰면서 생계를 꾸려 나가기는 힘들다. 하지만 삶을 꾸리기에는 더없이 좋다."

도리스 베츠가 글을 쓰며 사는 삶에 대해 한 말인데요. 이 말을 저는 이렇게 바꿔 봅니다.

'책을 쓰면서 생계도 꾸릴 수 있다. 하지만 삶을 꾸리기에는 더 더욱 좋다.'

책을 쓰면 하루하루 허덕이는 남루한 인생에 밝은 빛이 쬐는 듯합니다. "사랑으로 길을 내고 지성으로 힘을 얻는 삶이 훌륭하다"라고 철학자 버트런드 러셀이 말했는데요. 책을 쓰다 보면 훌륭한 사람이 될 수 있는 것 같습니다. 독자에 대한 연민과 공감으로 아는 것을 공유하며 독자의 삶에 힘을 보태는 삶을 훌륭하다고 할 수 있지 않을까요? 한 줄 한 줄 책을 쓰다 보면 이런 훌륭한 삶으로 한 발 한 발 다가갈 수 있습니다.

: 낭비 없는 삶을 위한 최선의 방법, 책쓰기

저는 새 책의 원고 집필에 들어가면 딱 석 달 만에 끝을 냅니다. 이 석 달은 사전에 모든 준비를 끝내고 한 줄 한 줄 문장으로 책을 엮어 내는 데만 걸리는 시간입니다. 원고를 집필하는 동안에는 저의 모든 에너지, 시간, 노력, 주의력이 여기에만 투입됩니다. 철저하게 저 자신을 가둡니다. 그동안 책을 많이 내 여기저기에서 불러주다 보니 불려 다니다 보면 몸과 마음이 많이 지칩니다. 그러면 집필 칩거가 몹시도 그립습니다. 원고 집필 외에는 아무것에도 관심과 에너지를 분산하지 않아도 되는 글 감옥이 간절해집니다.

"사람이 지치는 것은 부지런히 움직일 때가 아니라 아무것도 하지 않을 때다."

이렇게 말한 이는 '자기계발서의 아버지'로 알려진 19세기 영국 의사 출신의 작가 새뮤얼 스마일스입니다. 어쩌면 이리도 맞는 말인지요. 제가 지칠 때는 집중하지 않을 때거든요. 이곳저곳에 불려 다니고 이것저것 여러 일에 시간과 에너지와 주의력을 분산할 때 저는 번아웃됩니다. 새뮤얼 스마일스는 또 말했습니다.

"일에 대한 사랑은 천해지고 악해지는 것을 막는 최선의 방법이다."

책을 쓰는 게 작가인 저의 몫이듯 책을 열심히 파는 것은 출판사의 몫이니 저는 제 일인 집필에 전념하고 몰두하기로 합니다. 천해지지 않으려고 말입니다. 새로운 일을 하는 데는 준비보다 용기가 필요하지요. 그간 열렬하게 해 온 새 책 준비를 멈추고 핵심 작업인 집필에 돌입합니다. 내가 나에게 헌신하는 순간 신의 섭리도 함께 움직일 것을 믿습니다. 무엇보다 천해지고 악해지는 것을 막을 수 있으리라는 기대도 갖고서 말입니다. 그리고 퍼트리샤 엥겔이 한 말도 읊조려 봅니다.

"책은 책이 아니다. 괜찮은 사람이 되려고 애쓰면서 날마다 하는 선택이다."

: 디지털 한가운데서 종이책이라는 궁극의 럭셔리

왜 아마존은 맨해튼에 오프라인 서점을 냈을까요? 첨단 디지털 시대에 종이책 중심의 책테크가 통하는 이유는 무엇일까요? 이어령 선생은 자기만의 이야기를 가진 것이 '럭셔리'라고 합니다. 그렇다면 자기만의 이야기를 담아낸 종이책이야말로 디지털 시대에서 궁극의 럭셔리가 아닐까요? 《아날로그의 반격》을 쓴 캐나다의 저널리스트 데이비드 색스는 디지털 한가운데 종이책의 가치를 이렇게 천명합니다.

"디지털 경험에는 잉크 냄새도 바스락 책장 넘기는 소리도 손가락에 느껴지는 종이의 촉감도 없다. 이런 것들은 기사를 소비하는 방식과 아무 관계없어 보이지만 사실은 그렇지 않다. 아이패드로 읽는다면 모든 기사가 똑같아 보이고 똑같게 느껴진다. 그러나 인쇄된 페이지에서 인쇄된 페이지로 넘어갈 때는 그런 정보의 과잉을 느끼지 못한다."

그는 책 속에서 또 이렇게 종이책을 추켜세웁니다.

"이 책이 인쇄되면 나는 책을 손으로 만져 보고 표지에 적힌 내 이름을 보면서 나의 모든 노력이 가치 있었음을 확인할 것이다. 그것은 판매 부수와는 상관없는 일이다. 그 같은 느낌이야말로 궁극의 럭셔리로 작가인 내가 몇 번이든 기꺼이 돈을 내고 사들일 경험이다."

30년 넘게 콘텐츠 비즈니스에 종사하면서 십수 년째 책을 쓰거나 쓰게 하는 책쓰기 코치로 일해 온 저는 디지털 시대 한복판에서 종이책이 갖는 가치는 '딥 리딩(Deep Leading)'에 있다고 믿습니다. 종이책은 내용에 코를 박고 읽든 책을 사서 꽂아 놓고 오가며 보기만 하든 책이 발하는 메시지와 그 메시지를 발신한 작가와 아주 진중하게 소통합니다. 당신이 책갈피에 켜켜이 숨겨 놓은 메시지는 독자의 영혼과 시공간에 파고들어 독자의 마음을 점유합니다. 디지털 미디어로는 불가능한 성과입니다.

디지털 미디어가 수동적이고 소극적인 독자 모드를 만든다면 종이책을 읽는 행위는 더없이 적극적이며 능동적입니다. 그러니 종이책 독자는 작가인 당신의 영향력을 보다 적극적이고 능동적으로 받아들입니다. 종이책은 일단 독자의 손에 들어가기만 하면 짧아도 너덧 시간, 대개는 며칠에 걸쳐 읽힙니다. 그 시간 동안 독자는 저자의 생각에 밑줄 치고 형광펜으로 표시하고 메모하고 여백에 아이디어를 넣는 등 작가에게 푹 빠져 지냅니다. 이러한 독자의 행위는 작가와 동거하는 것이나 뭐가 다를까요? 이런 시간이 지나면 결국 당신이 의도한 대로 독자는 당신의 메시지에 매혹되고 당신의 SNS를 방문하고 즐겨찾기를 해 두고 이웃 맺기를 청하고 강의와 세미나가 열리면 찾아다니며 당신의 팬이 됩니다. 필요하다면 당신에게 도움을 요청합니다. 비즈니스 기회가 자연히 열립니다.

종이책 독자는 다 읽은 책을 책꽂이에서 꽂아 두고 여전히 영향을 받습니다. 집중력이 8초인 시대에 그 수십 배, 수백 배의 시간과 에너지와 돈을 들여 읽은 종이책은 독자의 책꽂이에서 여전히 작가와 동거합니다. 이로써 작가인 당신은 당신의 책을 읽은 독자와 긴밀하고 밀도 높은 관계를 구축합니다. 이러한 관계는 전자책이나 오디오북, 길어야 15분인 동영상 콘텐츠로는 절대 도달할 수 없는 영향력을 발휘합니다.

가보처럼 대물림하는 **책쓰기**

: 언젠가는 써야 할 우리 가족의 이야기

서른여섯 살 전문의를 앞둔 신경외과 레지던트 폴 칼라니티. 하루 열네 시간씩 이어진 혹독한 수련 생활 끝에 이제 원하는 삶이 손에 잡힐 것 같던 바로 그때! 운명은 그의 앞에 폐암 4기라는 판정을 부려 놓습니다. 의사로서 뇌가 치명적으로 손상된 환자들을 치료하며 죽음과 싸우다가 자신도 환자가 되어 죽음과 마주한 그의 마지막은 어떠했을까요? 그는 담당의에게 묻고 의사의 답을 기다리는 짧은 시간 동안 다짐합니다.

"얼마나 남았나요?"

'석 달이라면 나는 가족과 함께 그 시간을 보내리라. 1년이 남았다면 늘 쓰고 싶었던 책을 쓰리라. 10년이라면 병원으로 복귀하여 환자들을 치료할 것이다.'

하지만 담당의는 이렇게 말할 뿐이었습니다.

"나는 시간이 얼마나 남았는지 말해 줄 수 없어요. 당신 스스로 가장 소중한 것이 무엇인지 찾아내야 해요."

폴은 언제 죽을지 정확히 알 수 없다면 계속 살아갈 수밖에 없다고 생각합니다. 그는 수술실로 복귀해 최고참 레지던트로서 엄청난 업무량을 소화했고 인공 수정으로 아빠가 됩니다. 그러나 레지던트 수료를 앞두고 암이 급속도로 악화돼 의사의 길을 포기하고 만삭인 아내 곁에서 사경을 헤매게 됐습니다. 그렇게 '계속 살아가던' 폴은 딸 케이디가 태어난 지 8개월 후 사랑하는 가족들 품에서 숨을 거뒀습니다. 그는 소생 치료를 거부하며 유지한 맑은 정신으로 가족과 이별했는데요. 죽음을 향해 육체가 무너져 가며 화학 치료로 손끝이 갈라지는 고통 속에서 힘겹게 자판을 누르며 폴 칼라니티는 마지막으로 딸에게 이렇게 편지를 남깁니다.

"네가 어떻게 살아왔는지, 무슨 일을 했는지, 세상에 어떤 의미 있는 일을 했는지 설명해야 하는 순간이 온다면, 바라건대 네가, 죽어 가는 아빠의 나날을 충만한 기쁨으로 채워 줬음을 빼 놓지 말았으면 좋겠구나. 아빠가 평생 느껴 보지 못한 기쁨이었고, 그로 인해 아빠는 이제 더 많은 것을 바라지 않고 만족하며 편히 쉴 수 있게 되었단다. 지금 이 순간, 그건 내게 정말로 엄청난 일이란다…."

《숨결이 바람 될 때》는 딸에게 헌정하는 아버지의 사랑 그 자체입니다.

카네기멜론대학교 컴퓨터공학과 교수로 재직한 랜디 포시. 그 또한 마지막 순간에 남겨진 아이들을 위해 마지막 강의를 펼칩니다. 강의는 동명의 책《마지막 강의》로 아이들의 손에 쥐어졌습니다.

영화 〈흐르는 강물처럼〉 도입부에는 이런 내레이션이 흐릅니다.

"아버지는 '노먼 너는 글 쓰는 재주가 있으니 준비가 되면 언젠가는 우리 가족의 이야기를 글로 쓰거라. 그래야 우리가 겪었던 일이 무엇인지 알게 된다'고 하셨다."

이 영화의 원작인 같은 제목의 책에서 작가인 노먼 매클린은 이렇게 고백합니다.

"다른 건 몰라도 내 글이 하나의 목표는 이루었다. 자식들에게 그들의 부모가 어떤 사람이었는지를 가르쳐 줄 수 있게 되었고 자식들이 어떤 식으로 부모를 생각하고 기억하기를 바라는지 알리게 되었다. 가족 이야기를 글로 쓰면서 비로소 자신의 가족에서 무슨 일이 일어났는지 그것이 어떤 의미인지를 알게 되었다."

아버지의 이름으로 어머니의 이름으로, 자식들에게 당신은 무엇을 물려줄 수 있습니까? 억만금의 유산이 아니라면 억만금의 유산을 만들어 낼 수 있을 정신의 유전자를 물려주면 어떻겠습니까? 가족의 이야기를 책으로 쓰면 어떨까요.

: 내 인생의 페이지는 내 손으로 또박또박

마이크로소프트의 빌 게이츠 회장이 미국의 모든 대학, 대학원 졸업생에게 선물했다고 해서 유명세를 탄 책이 있습니다. 《팩트풀니스》입니다. 이 책은 세상에 대한 오해가 심한 우리에게 팩트에 기반을 둔 세계관을 갖게 하는 일에 평생을 바친 한스 로슬링과 그의 아들, 며느리가 함께 썼습니다. 저자들은 우리가 세상을 얼마나 오해하는지를 보여 주고 왜 그렇게 오해하는지를 파고들며 궁극적으로는 세상이 우리의 생각보다 훨씬 괜찮다는 메시지를 줍니다.

이 책의 맺음말을 읽다가 그제야 알았습니다. 한스 로슬링가의 유작이라는 것을요. 맺음말은 아버지 한스가 세상을 떠나고 책 출간 작업을 마무리한 아들 내외가 썼습니다.

아들 부부와 책을 준비하던 한스 로슬링은 그로부터 반년도 되지 않아 치료가 불가능한 췌장암을 진단받았습니다. 예후도 좋지 않아 최대로 길어야 1년밖에 남지 않았다는 진단이었습니다. 얼마나 끔찍했을까요. 진단받은 당시의 충격이 가라앉자 하버지 한스는 그럼에도 불구하고 당분간이나마 삶을 계속 살아가기로 결정합니다. 그로부터 일주일 동안 예약된 모든 일정을 취소하고 책 쓰기에 몰입합니다. 한스 로슬링은 《팩트풀니스》의 초고가 완성될 무렵 숨을 거뒀습니다.

"이러한 극적인 변화를 견딜 수 있게 해 준 것은 딱 하나, 책쓰기였다."

아버지가 암 진단을 받고 절망스러웠던 가족에게 책쓰기는 유일한 위안이었다고 아들 한스는 회고합니다. 그동안은 책쓰기가 산더미 같은 업무에 더해진 짐이었으나 아버지의 암 진단 후 책쓰기가 당신의 지적 자극과 기쁨의 원천이었다는 것이 당시 온 가족의 기쁨이었다고 들려줍니다. 그렇게 책을 써 가던 어느 날 아버지 한스는 갑자기 악화됐는데 세상을 떠나기 전 마지막 닷새 동안 병상에서 초고를 위안 삼아 편집자에게 보내는 이메일을 아들에게 받아쓰게 했다고 합니다.

"아버지가 세상을 떠나고 책 마무리 작업을 하는데 아버지의 목소리가 계속 머릿속에 맴돌았다. 이 책을 끝내는 것이 아버지를 곁에 두고 아버지의 기억을 존중하는 최선의 방법처럼 느껴졌다."

책을 덮으며 제 안에 막연히 자리했던 바람 하나가 확실해짐을 느꼈습니다. 피터 드러커처럼 김형석 선생처럼 95살까지, 100살 넘어 책을 쓰며 살다가 한스 로슬링처럼 책을 막 마치고 세상을 떠나고 싶다는 바람입니다. 삶의 마지막 순간까지 호기심 가득한 눈으로 세상을 배우고 배운 것을 책으로 써서 나누며 사는 엄마의 모습을 아들아이에게 보여 주고 싶다는 열망이 자리 잡았습니다. 그러면 제 아이도 책으로 남은 엄마를 늘 곁에 두고 오래오래 엄마의 기억을 존중하며 살 것이라는 생각을 했습니다.

"자기의 미래에 대한 믿음을 상실한 사람은 살 수 없다."

이 말을 한 빅터 프랭클은 수용소에서 자살을 미룬 이유가 '책을 쓰고 싶어서'라고 했습니다. 강제 수용소에서 겪은 체험을 온전히 담은 책을 써야 한다는 열망 덕분에 수용소에서 삶을 지켜 냈고 마침내 《죽음의 수용소에서》를 통해 열망을 이뤘습니다.

책을 쓰는 일은 이렇게 자기의 미래에 대한 믿음을 쓰는 일입니다. 셰익스피어가 "인생은 무대"라고 했지요. 그를 본떠 저는 이렇게 말해 봅니다.

'인생은 페이지.'

인생의 한 페이지 페이지를 또박또박 내 손으로 써 봅시다. 마지막 한 페이지까지 내 호흡, 내 손으로 마무리하면 어떨까요?

제2장

인생 작가 **따라 하기**

나에게 맞는 책쓰기 유형 찾기

“

책은 아이디어다.
일단 아이디어가 떠오르면 책은 그냥 흘러나온다.
아이디어를 떠올리고 그것의 핵심을 포착하고 뒤쫓고
이를 우리가 오늘날 살아가는 방식에 대해 말해 주는 이야기로 바꾸는 것이 책쓰기다.

데이비드 핼버스탬

”

글을 잘 쓰고 싶다면 **책부터 써라**

: 책쓰기로 도전하는 글쓰기 공부의 이점

"글쓰기 기술을 핵무기처럼 구사하고 싶다면 책부터 쓰세요."

이렇게 강조하면 제가 진행하는 글쓰기 수업에서 함께하는 분들은 의아해합니다.

"글쓰기 배우겠다는데 왜 책쓰기를 권합니까?"

저는 글쓰기 교육을 요청받으면 책쓰기부터 권합니다. 물론 기획안, 보고서 등 문서 작성 기술이나 이메일 잘 쓰기, 블로그 포스팅 잘하는 법같이 목표가 구체적이고 분명한 경우에는 그에 특화된 프로그램을 진행합니다. 그런데 막연히 '글을 좀 잘 쓰면 좋겠다, 글을 잘 쓰게 되면 무슨 글이든 문제없지 않겠어?'라는 생각으로 글쓰기를 배우려는 사람에게는 책쓰기로 물꼬를 틉니다. 10주 내외로 장기간 글쓰기 교육을 진행하는 경우에는 책쓰기 과정을 반드시 포함하고 해당 글쓰기 교육 과정의 결과물로 한 권의 책을 펴내기도 합니다.

글쓰기 공부에 왜 책쓰기를 권하냐고요? 글을 잘 쓰는 능력은 하루아침에 길러지는 것이 아니라서 그렇습니다. 글을 잘 쓰는 능력은 다방면에 걸쳐 참으로 가치 있지만 막연한 열정만으로는 글쓰기 공부에 필요한 진득한 시간을 돌파하기가 어렵습니다. 하다 말다, 말다 하다…. 반복만 거듭하게 되고 결국 이런저런 핑계를 대며 모처럼의 시도를 포기합니다.

매혹적인 목표를 갖고 글쓰기 공부에 돌입하면 이야기가 달라집니다. 글쓰기 공부에 필연적으로 동반되는 좌절과 무기력을 넘어 '글 잘 쓰기'라는 목표에 쉽고 빠르게 다가갑니다. 글쓰기 공부에서 매혹적인 목표라면 단연코 책을 쓰는 것이지요. 글 좀 잘 써 보자고 시도했을 뿐인데 책을 내고 저자가 되고 강사도 되는 등 이런 기적이 저절로 따라오니 이만한 성과가 어디 있겠어요? 글 잘 써 보겠다는 당신이 책쓰기를 목표로 정한다면 지난한 글쓰기 공부를 중도에 포기하지 않고 돌파할 수 있습니다. 글쓰기를 공부한 결과가 내 이름이 찍힌 번듯한 책 한 권 출간하는 것이라면 이처럼 성공한 투자가 또 있겠어요? 이처럼 눈에 보이는 성과 말고도 책쓰기로 도전하는 글쓰기 공부에는 이점이 참 많습니다.

우선 책쓰기를 목표로 두면 책 한 권 분량으로 쓸 만한 내용이 무엇인지 검토하는 과정에서 자신을 진지하게 성찰하게 됩니다. 책에 담을 쓸거리를 찾고 정리하다 보면 그동안 내가 어떻게 살아왔고 일해 왔는지 들여다보는 반성의 시간을 갖게 됩니다. 이렇게 반성하며 나는 앞으로 어떻게 살아야 할지를 알게 됩니다.

기왕이면 경쟁력 있는 책을 쓰기 위해 자연스럽게 책이라는 매체에 대해 공부하고 요즘처럼 책을 읽지 않는 시대에 책을 사서 읽는 독자는 어떤 사람들인지 알고 싶은 노력도 하게 됩니다. 이런 과정을 통해 독자와 출판 시장을 공부하게 되고 마케팅 마인드가 길러집니다.

책을 쓰려면 많은 자료를 모으고 정리해야 합니다. 자료를 수집하기 위해 책, 논문, 보고서 등 자료를 읽다 보면 세상을 보는 눈이 길러지고 독해력이 증진됩니다. 책 내용을 구성하다 보면 논리정연하게 사고하게 되고 당연히 논리력이 향상됩니다. 차별화된 책 내용을 써야 하니 창의적으로 생각하지 않으면 안 됩니다. 그러니 창의력도 높아지지요. 책 한 권당 40여 편의 글을 한 편 한 편 공들여 쓰고 쓴 글을 피드백 받아 고쳐 쓰는 과정을 되풀이하면서 글쓰기 공부에 요구되는 경험을 체화합니다. 필력이 저절로 길러집니다.

책을 한 권 쓰는 데는 이처럼 입체적이고 종합적인 노력이 필요합니다. 그리고 마침내 알게 됩니다. 책쓰기와 글쓰기는 다른 영역이 아니라는 것을요. 이것이 글쓰기를 배우겠다는 분께 책쓰기를 권하는 저의 명분이자 설명입니다. 당신이 글을 잘 써야 한다는 강박을 느낀다면, 글을 잘 쓰지 못해 눈앞에서 기회를 놓치는 일이 잦다면, 책쓰기를 권합니다. 책쓰기로 글 잘 쓰기의 목표를 이뤄 보세요.

책 한 권 품지 않은 **인생은 없다**

: 누구에게나 책으로 쓸 만한 이야기 하나쯤 있다

저는 방송국, 잡지사, 출판사, 여성 포털 사이트 등 미디어 분야에서 30년 넘게 일해 왔습니다. 지금까지 이 긴 시간 동안 제가 하는 일의 핵심은 이야기를 품은 사람을 발굴해 세상에 소개하는 것입니다. 이 때문에 저는 어떤 인생이든 책 한 권 치 이야기를 품고 있다고 확신합니다. 누구든 자신의 이야기만으로도 충분히 작가가 될 수 있다고 믿습니다. 그래서 '나도 작가, 너도 작가'라는 말을 입에 달고 삽니다.

"무심코 하는 그 일이 당신의 전문이다."
"인생 도처에 상수가 있다."
"우리는 모두 무엇인가의 전문가다."

각각 세계적인 투자 전문가 조지 소로스, 문화재 전문가 유홍준, 마케팅 전문가 세스 고딘이 한 말입니다. 표현은 달라도 메시지는 하나입니다. '누구나 책으로 쓸 만한 이야기 하나쯤 갖고 있다'는 것입니다.

그 사람의 인생 자체에 대한 이야기, 그 사람이 살아온 시간에 관한 이야기, 일과 취미와 특기 혹은 덕질에 관한 이야기, 특별한 아이디어나 자신만의 신박한 해결책에 관한 이야기, 평생을 품고 끙끙대 온 화두나 인생의 숙제에 대한 이야기, 육아와 자녀 교육이나 살림살이에 대한 이야기, 재테크나 부업에 관한 이야기, 크고 작은 여가 경험들, 야심 차게 진행한 프로젝트나 연구 개발한 업적, 평생 개발해 온 커리어에 대한 이야기, 평생을 바친 박사 논문을 풀어쓴 이야기까지 말입니다.

눈물 없이 들을 수 없는 개인적인 이야기부터 역사의 한 조각을 꿴 이야기까지, 누구나 그만의 이야기가 있고 그것을 SNS에서 말할 수 있다면 책으로도 만들 수 있습니다. 역사가 칼 베커의 말마따나 모든 사람은 자기 자신의 역사를 갖고 있으며 스스로의 역사가가 될 수 있습니다. 우리 모두는 우리 삶의 작가입니다. SNS 덕분에 작가 되기가 어떤 목표보다 손쉬운 요즘입니다. 그러니 당신도 당신의 책을 써야 합니다.

: 이렇게 개인적인 내용도 책이 되나요?

"너무 개인적인 소재라 책으로 출판될 수 있을까요?"

나지한 음성으로, 수줍은 표정으로 이렇게 묻는 분들이 있습니다. 저는 대답 대신 인터넷 서점에서 이런 책들을 검색해 보여 줍니다.

《나는 습관을 조금 바꾸기로 했다》
《나는 매일 책을 읽기로 했다》
《나는 매주 시체를 보러 간다》
《나는 나로 살기로 했다》
《나는 내가 죽었다고 생각했습니다》
《나는 천천히 아빠가 되었다》

《나는 이 질문이 불편하다》
《나는 아마존에서 미래를 다녔다》
《운 좋게 살아남았다, 나는》
《나는 감이 아니라 데이터로 말한다》
《나, 있는 그대로 참 좋다》
《나를 보내지 마》

'나'로 시작하는 제목의 책이 얼마나 많은지, 이 책들 가운데 베스트셀러 상위를 차지한 책이 얼마나 많은지 알려 줍니다. 그리고 설명합니다.

"물론입니다. 개인적인 내용도 얼마든지 책으로 출판될 수 있습니다. 아니 지극히 개인적인 소재라야 먹힙니다. 남들도 다 하는 이야기, 어디서 보고 어디서 들은 이야기 말고 대단하지는 않아도 내가 아니면 안 되는 나만의 이야기, 어설퍼도 내 목소리로 차분히 들려줄 수 있는 이야기라야 합니다."

요즘 독자들은 '지구는 내가 지킨다'는 투의 독수리오형제식 거대 담론을 반기지 않습니다. 대단한 인물의 '나를 따르라'식 콘텐츠도 내켜 하지 않습니다. 까치발을 들고 손을 뻗으면 닿을 만한 곳에 있는 이야기, 엿보고 흉내 내면 나도 할 것 같은 이야기, 지금의 내 처지와 흡사한 이야기에 반응합니다. '그리 대단하지는 않지만 요것 하나만큼'의 이야기를 요즘 독자는 좋아합니다. 요즘 대형 서점마다 진열대를 장식한 눈에 잘 띄는 책들이 딱 이렇습니다. 《죽고 싶지만 떡볶이는 먹고 싶어》가 많은 독자에게 선택받은 것도 이 맥락입니다. 이 책을 쓴 작가 역시 이런 생각으로 책을 썼습니다.

"왜 사람들은 자신의 상태를 솔직히 드러내지 않을까? 난 늘 알 수 없는 갈증을 느꼈고 나와 비슷한 사람들과의 공감이 필요했다. 그래서 그런 사람들을 찾아 헤매는 대신 내가 직접 그런 사람이 되어 보기로 했다. 누군가는 자신과 비슷한 내 손짓을 알아보고, 다가와서 함께 안심할 수 있었으면 좋겠다."

첫 책을 쓰기로 한 무렵의 저는 지금의 당신과 조금도 다르지 않았습니다. 2005년에 출판 프로듀서로 일하며 출판사에 아이디어를 팔고 저자를 수소문하던 중이었는데 책 아이디어에 맞춤인 저자를 찾아내기가 힘들어지자 편집자가 제안했습니다. 그때 저는 불에 덴 듯 펄쩍 뛰며 이렇게 말했습니다.

"송 선생님이 쓰시면 되겠네요. 경험 많이 하셨잖아요."

"제가요? 책을요? 무슨…."

저 역시 처음에는 '내 개인적인 이야기가 책이 될 수 있을까?' 하고 염려했습니다. 이랬던 제가 지금은 책을 스무 권 이상 써낸 중견 작가랍니다. 크든 작든 당신 자신의 이야기, 당신이 가장 잘 아는 이야기, 즉 지극히 개인적인 내용을 책으로 써야 하는 보다 중요한 이유는 그래야 첫 책 쓰기의 어려움을 이겨 내고 작가가 될 수 있기 때문입니다. 잘 모르는 것에 대해 책 한 권의 분량을 쓸 수는 없는 노릇입니다. 잘 모르는 내용을 무슨 재미로 3개월이나 쓸 수 있겠어요. 심리학자 칼 로저스의 말로 당신의 이야기를 응원합니다.

"가장 개인적인 것이 가장 보편적인 것이다."

: 정답은 없다, 독자가 답이다

베트남에서 한국 회사의 법인장으로 근무하는 박 선생은 캐나

다로 가는 출장길 공항에서 책을 한 권 샀습니다. 그는 비행기 안에서 책을 다 읽고 바로 그날부터 책이 시키는 대로 했다고 합니다. 우선 걸핏하면 버럭버럭하던 행동을 그만뒀습니다. 조곤조곤 생각하고 말해서 직원들에게 변했다는 말을 듣게 됐습니다. 이러한 변화에 고무된 박 선생은 고마운 마음을 작가에게 전했는데요. 의도와 달리 그는 약간의 핀잔을 담아 마음을 전달했습니다.

“이 책을 왜 이렇게 늦게 쓰셨어요.”

이 책은 제가 쓴 《150년 하버드 글쓰기 비법》입니다. 당신이 쓴 책도 독자에게 이런 핀잔을 받으면 좋겠습니다.

“이 책을 내자고 기획 회의 때 제안했더라면 분명 잘렸을 겁니다. ‘우울증 얘기가 팔리겠어?’, ‘대담 형식인데 팔리겠어?’ 하면서요.”

이렇게 대접받지 못한 원고지만 책으로 출간됐습니다. 심지어 새로 생긴 출판사의 첫 책이었다고 합니다. 바로 《죽고 싶지만 떡볶이는 먹고 싶어》. 많이 팔리기도 했지만 출간에 이런 뒷이야기로 화제를 몰고 다녔지요. 이 책의 놀라운 성공에 대한 편집자들의 억울함도 이야깃거리입니다. 이 책은 독자들에게 십시일반으로 펀딩받아 출간됐는데, 메이저 출판사들도 깜짝 놀란 성공을 거뒀지요? 책을 쓰고 책을 내는 일이 매혹적인 이유는 그 여정에 이렇게 로또가 숨어 있기 때문입니다.

어느 분야든 프로와 아마추어의 경계는 삼엄하지만 출판에서는 이를 가리지 않습니다. 내로라하는 출판사에서 대형 작가를 영입해 책을 내고 무한 장전된 현금 총알로 무차별 마케팅을 하고도 보통의 성과를 내는 데 그치는가 하면 책이라고는 처음 써 보는 완전 초보가 단번에 '초대박'을 터뜨리기도 합니다.

최근 서점들이 집계한 베스트셀러를 보면 잘나가던 대형 출판사들이 맥을 못 춥니다. 밀어도 밀리지 않는 경우가 대부분이고 출판사가 밀 때는 끄덕도 않던 책이 SNS 한곳에서 불붙어 역주행해 베스트셀러가 되는 경우도 드물지 않습니다.

역사와 전통을 자랑하는 대형 출판사들이 1인 출판 또는 독립출판사들에 밀리는 기현상도 속출합니다. 2017년에 가장 많이 팔린 책《언어의 온도》도 이기주 작가가 자신의 이야기를 책으로 내고 유통하고 마케팅한 독립 출판의 사례입니다.

이런 사례들로 알 수 있는 점은 '출판에 더는 정답이 없다'는 것, 그리고 '독자가 답이다'라는 것입니다. 그래서 출판사들이 기획물을 내기보다 SNS를 훑어 이미 나와 있는 콘텐츠를 책으로 내는 것이 유행입니다. 여기서 제가 할 말은 이것입니다.

"출판사가 뭐라고 할지 신경 쓰지 말고 당신은 당신의 책을 씁시다."

결국 책을 내는 사람,
결국 책을 못 내는 사람

책쓰기에 대한
오해와 편견

"행복한 가정은 다 고만고만하지만 불행한 가정은 제각각이다."

톨스토이가 소설 《안나 카레니나》에 쓴 첫 문장입니다. 저는 이 문장을 빌려 이렇게 바꿔 써 봅니다.

"책을 잘 쓰는 이유는 다 고만고만하지만 책을 못 쓰는 이유는 제각각이다."

책쓰기가 버겁고 막막한 사람들이 내미는 이유들을 살펴봅시다.

① 글을 잘 써야 하잖아요.

글을 잘 쓴다면 금상첨화입니다. 그러나 글을 잘 쓴다고 책쓰기가 저절로 되지는 않습니다. 독자들이 흥미를 갖지 못할 내용이라면 유려하게 글로 써냈더라도 읽힐 리 없기 때문이지요. 반면 글이 거칠어도 내용이 좋다면 출판사에서는 기꺼이 오케이 합니다. 출판사에서 여러 전문 인력이 합세해 책으로 만드는 과정에서 내용은 빛나게 될 테니까요.

② 너무 바빠서 책 쓸 시간이 없어요.

'좋은 줄 알죠. 그런데 바빠서….'

'하고 싶죠. 그런데 시간이 없어서….'

말로만 책 쓰겠다고 하는 사람들이 가장 자주 하는 변명입니다. 이렇게 말하는 사람들이 모르는 게 있습니다. 책을 내고 작가가 된 사람들 가운데 한가한 사람은 없다는 것입니다. 작가이면서 글쓰기 코치에 비즈니스까지 하고 집에서는 주부 역할까지 해야 하는 저는 매일 새벽에 시간을 따로 떼 냅니다. 그리고 제가 해야 할 가장 중요한 일, 책쓰기를 맨 먼저 합니다. 남는 시간이 아니라 하루 중 가장 좋은 시간에 말입니다.

③ 이런 대단한 책을 내가 어떻게 써요.

작가가 쓰면 토씨 하나조차 그대로 책이 되는 줄 착각하는 데서 오는 핑계입니다. 서점에서 만나는 책은 작가가 쓴 그대로가 아니라 출판사의 숙련된 편집과 디자인을 거쳐 제작된 것입니다. 텔레비전으로 보는 배우가 분장에 가까운 화장을 한 모습이듯 서점에서 만나는 책들도 전문가 그룹이 최대로 포장한 것입니다. 이런 책의 시작은 쓰레기라고 불리는 초고입니다. 초보든 고수든, 작가가 하는 일은 원고 쓰기까지입니다.

④ 영감을 받아야 휘리릭 쓸 텐데요.

드라마나 영화를 보면 '영감' 타령을 많이 합니다. 주인공들이 어느 순간 '필'을 받아 단숨에 마지막 장까지 쓰는 장면이 흔하게 나오지요. 실상은 다릅니다. 작가들은 규칙적으로 씁니다. 정해진 시간에 정해진 장소에서 정한 분량만큼 씁니다. 그래야 지치지 않고 오래 잘 쓸 수 있거든요. 그들은 압니다. 영감을 기다려서는 한 줄도 쓸 수 없다는 것을요. 또 영감은 쓰다 보면 찾아온다는 것을요.

⑤ 그렇게 쓸 바에야 안 써요.

쓰지도 않으면서 남이 쓴 책에 왈가왈부 평가하는 사람이 있습니다. 책쓰기에 전념하기는커녕 책 동네를 넘보는 일에 열중하면 당신 눈에 별것 아닌 책으로도 열패감에 시달릴 게 뻔합니다. 실은 남의 책을 두고 가타부타 말이 많은 것 자체가 아주 부럽다는 증거지요. 그러니 얼른 책을 쓰세요.

⑥ 준비가 더 필요해요.

잊을 만하면 한 번씩 책쓰기 수업에 참여하는 사람이 있습니다. 그리고는 매번 준비가 덜 됐다며 잠수를 탑니다. 책을 쓰거나 쓰게 하는 일을 하는 제가 장담컨대 책을 쓰고 못 쓰고는 아이디어가 있고 없고, 준비가 되고 안 되고의 문제가 아니라 실행의 문제입니다. 책쓰기에 진짜로 필요한 것은 능력을 갖추는 준비가 아니라 뛰어드는 용기입니다. 하지 않을 이유와 못하는 핑계를 대면서 에너지를 탕진하느니 책쓰기에 뛰어드는 것이 훨씬 남는 장사입니다. 쓰면서 배우고 쓰면서 배우고 하다 보면 '원고 끝!' 하고 만세 부르는 날이 옵니다.

⑦ 나에게 잘 맞는 책 선생부터 찾으려고요.

책쓰기에 도움을 청하는 사람들은 평균 서너 명의 책쓰기 코치를 탐색하거나 전전합니다. 책 선생을 잘 만나면 책쓰기가 더 쉬워지거나 단번에 성공할 책을 쓸 수 있다고 보기 때문입니다. 결론부터 말하면 책쓰기 수업이나 선생을 찾아 헤맬 필요는 없습니다. 백날 찾아다녀도 기적이나 마법은 일어나지 않습니다. 책쓰기 책도 그만 읽으세요. 책쓰기에 성공하는 유일한 비결은 책이 되는 문장들을 쓰는 것입니다. 쓰다 보면 그제야, 쓰다 보니 언젠가 초고를 완성하는 때가 옵니다. 책쓰기의 기적이 발생하는 순간은 바로 이때입니다.

이만하면 책쓰기에 관해 당신이 갖고 있던 오해와 편견이 해소됐으리라 믿습니다. 독자와 이야기하듯 써 내려간 원고가 책쓰기의 기준이고 이런 이야기를 쓴다면 작가로서 자격을 갖춘 것입니다. 출판사에서 고치고 다듬고 윤을 내 포장하여 상품으로 팔 가능성 있는 민낯의 원고를 쓰게 된다면 책쓰기 면허를 가진 것입니다.

: 글쓰기 선생이 쓴 원고는 완벽할까?

'하버드대학교 학생처럼 쓰려면 이렇게 하라'고 외치는 저는 명색이 글쓰기 선생입니다. 그래서 제가 쓴 책의 원고는 손 하나 댈 필요 없이 완전무결할 것이라는 오해를 받습니다. 천만에요. 서점에서 만나는 제 책을 만든 절반 이상의 공로는 편집자에게 있습니다. 제가 완벽하게 잘 써서가 아니라 제가 쓴 흠결 많은 원고를 편집자가 중심이 되어 전문가들이 고치고 조이고 다듬어 완성도를 높이고, 윤내고 광내서 상품성을 올려 놓습니다. 원고를 출판사에 보낸 후 제가 할 일은 마음을 열어젖히고 고쳐쓰기든 보완이든 삭제든 출판사의 피드백과 전문가의 요구를 수용하는 것입니다.

세상에 잘 쓴 글은 없습니다. 잘 쓴 글에 대한 기준이 독자마다 다르기 때문입니다. 모든 글은 고쳐쓰기로 완성됩니다. 책에 들어갈 내용이 누구에게 무슨 말을 하는지 분명하게 전달되는 원고라면 그것으로 충분합니다.

책 잘 쓰게 될
쓸거리 찾는 방법

: 책, 설레지 않으면 쓰지 마라

처음 하는 책쓰기인데도 수없이 해 본 것처럼 뚝딱하는 사람이 있습니다. 쓰고 싶은 이야기를 가진 사람들이 그러합니다. 작가는 쓰고 싶은 것을 집요하게 써내는 사람을 말합니다. 그러므로 쓰고 싶은 이야기, 쓸거리가 분명한 사람은 책쓰기를 그리 겁내지 않습니다. 어떻게 쓸지 쓸거리를 전달하는 방법은 기술적인 문제이므로 그때그때 배워 해결하면 되기 때문입니다.

책쓰기 수업에서 만나는 예비 작가들은 대부분 고난을 자청하는 수도승 같습니다. 쓰고 싶은 이야기가 아니라 '책을 낸 전문가'라는 타이틀을 가져다줄 '써야 하는' 이야기에 매달리기 때문입니다. 그런데 주제와 씨름하는 그와 이런저런 이야기를 나누고 그가 쓴 글을 보면 이런 생각이 자주 듭니다.

'왜 자기 이야기를 두고 남의 것을 탐낼까?'

어떤 이야기에 그가 눈빛을 빛내는지 어떤 이야기를 하며 그가 목소리를 높이는지를 보면 그가 쓸 이야기도 쉽게 발견할 수 있습니다. 제가 진행하는 책쓰기 수업은 대부분 책은 쓰고 싶지만 쓸거리가 아직 없는 사람들이 대상입니다. 그리고 '쓸거리를 찾아 아이디어로 벼리기'를 목표합니다. 이 과정에서 다루는, 책을 참 잘 쓰게 될 쓸거리를 찾아내는 방법을 소개합니다.

① 설레지 않으면 쓰지 마세요.

책으로 쓸 만한 이야기인가 아닌가를 짚을 때 제가 내미는 기준은 딱 하나입니다.

"설레지 않으면 쓰지 마세요."

저는 '이런 내용을 책으로 쓰겠다!'는 예비 작가에게 그 주제로 몇 번 글을 쓰게 합니다. 그리고 꼭 묻습니다.

"써 보니 설레나요?"
"자꾸 쓰고 싶은가요?"
"그 내용을 꼭 내 것으로 만들고 싶은가요?"

하나의 주제에 대해 몇 번 써 보기만 해도 압니다. 마침내 책이 될 이야기는 쓰는 이를 고양합니다. 두근거리게 하고 설레게 만듭니다. 작가 자신도 설레지 않는 이야기로 독자와 출판사를 설레게 만들 수는 없습니다. 그런 이야기는 작가에게도 독자에게도 고역입니다. 책으로 쓰고 싶은 이야기가 있다면 그 주제로 글 다섯 편을 써 보세요. 그리고 자문해 보세요.

'쓰기는 힘들지만 쓰면 쓸수록 신나고 재미있는가?'
'이 주제를 생각하는 것만으로 설레는가?'
'더 잘 쓰고 싶어서 자료를 찾는 등 궁리하는가?'

② 쉽지 않으면 쓰지 마세요.

"쉽지 않은 일은 하지 마라. 유익한 삶을 살려면 오로지 자신의 욕구에 따라 행할 때 일이 쉽다. 이것이 유일한 동기가 되면 일은 어렵고 고되지만 쉬울 수 있다."

종교학자이자 신화 전문가인 조지프 캠벨의 글입니다. 당신이 책을 쓸 때도 어렵고 고되지만 결과적으로는 쉬운 주제로 써야 합니다. 당신에게 어떤 이야기가 이러한가요? 당신이 지금 하는 그 일, 생각하지 않아도 저절로 하게 되는 일, 문득 정신을 차려 보면 그 생각에 골몰한 그 일, 그 일을 하면서는 어떤 어려움도 어렵지가 않은 일, 자꾸 말하고 자꾸 보고 자꾸 하게 되는 그 일, 누군가에게는 말만 들어도 막막하지만 당신에게는 가장 쉬운 일, 그런 일을 찾아보세요. 그리고 그것에 대해 책으로 쓰세요.

제 책을 읽는 독자들은 '쉽지 않은 내용인데 예시와 사례가 많아서 쉽고 재미있다'고 소감을 들려줍니다. 그러면서 그 많은 사례와 예시를 수집하느라 얼마나 힘들었겠냐고 안타까워합니다. 독자들의 생각과는 달리 저는 그리 어려운 줄 모르고 작업합니다. 예시와 사례를 모으는 일을 '하자'고 해서 하는 것이 아니라 저도 모르게 하고 있기 때문입니다.

일을 하건 텔레비전을 보건 엘리베이터를 타건 보이고 들리는 말과 글에 늘 관심이 쏠리고 재미있고 이상합니다. 특별한 말과 글의 사용법을 발견하면 그 자리에서 무조건 메모해 수집합니다. '매혹적인 단어를 집대성한 백과사전 같다'는 평을 듣는 《마음을 움직이는 단어 사용법》도 이런 과정을 거쳐 나온 책입니다.

: 책, 잘 모르면 쓰지 마라

쓸거리가 분명하면 그것을 책으로 만들어 가는 과정에서 어떤 흠이 있더라도 얼마든지 책으로 만들 수 있고 잘 팔리는 책을 만들어 낼 수 있습니다. 가령 인지도가 약하거나 문장력이 달린다는 등의 단점이지요. 하지만 쓸거리가 분명하지 않으면 전직이 어떻다거나 경력이 화려하다거나 문장력이 뛰어나다는 등 작가의 몇 가지 돋보이는 장점으로도 책 한 권을 써내는 여정을 완주하기란 쉽지 않습니다.

책쓰기로 빛나는 성취를 이룬 이들은 작더라도 온전히 내 것인 주제로 책을 씁니다. '저런 이야기가 어떻게 책이 되나' 싶을 정도로 세부적이고 보기에 따라서는 지엽적입니다. 가령 그냥 빵 만들기가 아니라 천연 효모로 빵 만들기, 그냥 독서가 아니라 장교로 전역한 후 게릴라처럼 책 읽은 이야기, 세상은 넓고 할 일은 많다는 것이 아니라 청소일로 생계를 해결하는 청춘의 이야기, 가족의 해체가 아니라 40대 미혼의 두 여자가 함께 사는 이야기 등입니다.

이렇게 책 쓰는 사람들은 무엇이든 통째로 가져오지 않고 눈을 가늘게 뜨고 한 단면을 애정 어리게 들여다보며 이야기를 만들어 냅니다. 신비로운 점은 빵에 대해 이야기하는데 그의 글에는 인생이 담기고 빵에 대해 쓰는데 독자는 인생에 대해서 읽고 빵 잘 굽는 방법을 쓰는데 일 잘하는 방법으로 읽히고 빵 맛있게 먹는 방법을 쓰는데 잘 쉬는 방법으로 읽힌다는 것입니다.

어떤 내용이 됐든 글 쓰는 이가 아주 잘 알며 누구에게든 얼마든지 아주 쉽게 자주 많이 오래오래, 그것도 매번 새로운 이야기인 듯이 이야기할 수 있어야 합니다. 이것이 바로 책으로 써야 할 주제입니다.

책쓰기 코치로 일해 온 십수 년 경험으로 말씀드리면 누구에게나 반드시 책 한 권이 될 만큼의 만만한 이야기가 있습니다. 누구에게나 아주 쉽게 책 한 권을 쓰게 되는 지점이 있습니다. 그러한 쓸거리는 그 사람 내면에 있습니다. 남의 것을 탐내거나 바깥만 기웃거려 봐야 구해지지 않습니다.

누구나 책을 쓸 수 있다고?
나도 정말 될까?

: 내 안의 다이아몬드를 찾는 법

하도 열심히 산 나머지 20대에 번아웃 증상에 시달린 그녀는 어느 볕 좋은 가을날 온천에 갔다가 그 매력에 풍덩 빠졌습니다. 그 길로 동네 목욕탕에서 고급 호텔 온천까지, 적게는 하루에 세 곳에서 많게는 열 곳까지 온천에 몸을 담그며 위안과 위로를 얻었습니다. 그뿐 아닙니다. 알몸으로 만난 사람들과 친구가 되고 우정을 나누면서 깨달음도 얻고 온천에 몸을 담근 순간에 집중하는 힘도 알았다고 합니다. 내친김에 목욕 가방을 들고 일본에 진출해

여차여차 제7843대 벳푸 온천 명인이 됐습니다. 온천 명인이라니! 거창해 보이지만 그렇지는 않다고 작가는 말합니다.

"일본의 온천 도시 벳푸에서 온천 88군데에 입욕하고 도장을 모으기만 하면 온천 명인이 된다. 되고 난 뒤는 더 싱겁다. '온천 명인'이라는 글자를 금실로 수놓은 검은 수건과 상장이 전부다. 시시하다고 말하는 이도 있겠지만, 오히려 그래서 끌렸다. 좋아하는 것에 몰두하는 기쁨 이외에는 아무것도 필요 없으니까. 이렇게 완벽한 세계를 혼자만 알 수 없었다."

이런 경험을 혼자만 알고 있을 수 없어 글로 쓰니《온천 명인이 되었습니다》라는 책이 됐습니다. 이렇듯 내가 아니면 안 되는 쓸거리를 찾는 비결은 자신을 섬세하게 관찰하는 데서 시작합니다. 내가 무엇에 매료되는지 내가 어떤 일을 할 때 행복한지 알아차리고 파고드는 힘이 나만의 주제를 만들어 냅니다. 그러므로 책쓰기는 자신이라는 갱도를 깊고 깊게 파고드는 길일지 모릅니다. 그 속에 어떤 광물이 매장됐는지 잡힐 때까지 캐 들어가는 성실한 광부야말로 작가의 다른 이름일지 모릅니다. 그리고 마침내 다이아몬드를 손에 넣는 일이 책쓰기의 다른 말일 것입니다.

쉽게 책을 쓰려면 당신이 잘 아는 것에 대해 쓰세요. 당신이 감당할 수 있는 작은 규모의 이야기를 하세요. 책에서 세상사를 이야기하려고 덤비면 독자는 아무것도 읽어 내지 못합니다. 사람들에게 세상의 이치를 일깨우겠다고 설치면 독자는 아무것도 건지지 못합니다. 세상의 비밀을 까발리려 들면 독자는 아무것도 발견하지 못합니다. 세상사에 대해 휘뚜루마뚜루 쓴 내용은 아무도 읽어 주지 않습니다.

: 나도 달인이라고 불릴 분야가 있다

"저 같은 사람도 책 쓸 수 있나요?"

이런 질문을 받으면 속이 좀 상합니다. 그래서 볼멘소리로 대답하면 또 이렇게 말합니다.

"저 같은 사람이라니요? 왜요? 당신이 어때서요?"

"너무 평범하잖아요. 지위도 없고 명성도 없고 대단한 성과를 이룬 적도 없어요. 그런데 책은 써 보고 싶어요."

그러면 저는 이런 분께 몇몇 책을 알려드리고 책의 저자가 누구인지 살펴보라고 권합니다. 제가 추천한 책들의 저자는 속된 말로 '잘나가는 사람'이 아니거든요. 눈 돌리면 어디에나 있는 보통 사람입니다. 어제 만났고 오늘 만나고 내일도 만날 이웃 중의 한 사람입니다. 이는 요즘 잘나가는 책들의 저자 프로필에서도 목격됩니다. 소문날 만큼 잘나가는 책들은 대단한 사람이 아니라 반 발 앞서 한 경험을 손잡고 알려 주는 언니 같은 저자가 쓴 책입니다.

요즘 독자는 대단한 사람이 '나처럼 할 수 있어? 나처럼 해야 돼'라고 강요하는 '나를 따르라'식 책은 싫어합니다. 세심하게 살피고 알뜰하게 피드백해 주고 살뜰하게 손잡고 알려 주는 책을 좋아합니다.

이 말은 당신도 당신의 책을 쓸 자격을 이미 갖췄다는 뜻입니다. 당신의 경험과 당신의 생각에서 출발한 내용이라면 누군가의 손을 잡고 그에게 충분히 공감되고 위로되고 도움이 될 이야기로 들려줄 수 있으니까요. 이런 책쓰기, 자기 자신에게서 시작하는 이야기책을 저는 '자전적 자기계발서'라고 부릅니다. 그야말로 오랜 시간 제가 주창해 온 '보통 사람의 책쓰기'입니다.

제가 말하는 보통 사람의 자전적 자기계발서란 '누구라도 어떤 면에서는 전문가'라는 믿음에서 출발합니다. 학위나 자격증으로 인증받을 만큼 대단한 수준이 아니라도 상관없습니다. '적어도 이것만은 내가 최고!'라고 할 만한 생활의 달인 수준이면 됩니다.

예를 들어 누군가는 전국에 있는 재래시장을 일 삼아 다녀 본 덕분에 어디 재래시장이 어째서 좋은지를 꿰고 있습니다. 그렇다면 그는 '재래시장 전문가'입니다. 또 누군가는 무인 주문기 납품일을 10년 넘게 해 왔습니다. 그는 '나홀로 식당 운영 전문가'입니다. 30년 차 커리어우먼인 그는 30년 동안 매일 아침 15분 만에 밥상을 차려 냈습니다. 그렇다면 그는 '15분이면 충분한 아침 밥상 전문가'입니다. 또 누군가는 초등학교 졸업 이후 학교에 다니지 않았지만 검정고시, 학사 고시를 거쳐 지금은 박사 학위를 가진 공무원입니다. 그렇다면 그는 '학교 다니지 않고 철밥통 갖기 전문가'입니다.

이처럼 당사자인 당신에게는 하도 일상적이라 그러려니 하는 것들도 다른 누군가에게는 당신을 따라다니며 배우고 싶은 전문적인 일입니다. 잘 팔리는 책들은 작가 개인의 이야기를 다루면서도 해당 주제에 관한 작가만의 깊디깊은 생생한 경험이 오롯이 녹아 있습니다. 이래라저래라하지 않아도 독자는 그 이야기를 읽는 것만으로 삶에 필요한 통찰을 길어 올립니다.

자전적 에세이를 통해 삶의 기술과 통찰을 전달하는 책을 쓰는 사람을 저는 '가이던스(Guidance)'라고 부릅니다. 가이던스에는 이런 뜻이 있습니다.

'개인이 자기 자신을 깊이 이해하고 자기실현을 위해 노력함으로써 개인적으로도 행복해지고 또 사회적으로도 유용한 존재(사회적 자기실현)가 될 수 있도록 돕고 지도하는 과정, 혹은 그 사람.'

작가니, 저자니, 전문가니 하는 지칭보다 좀 더 친근하면서도 충분히 전문적인 뉘앙스를 풍기기 때문이지요. 당신은 어느 분야의 가이던스인가요?

나에게 맞는
책쓰기 유형 찾기

: 내 책은 비타민일까, 진통제일까

경제학자인 크리스와 롭은 각자 34킬로그램, 20킬로그램을 감량하는 데 성공했습니다. 두 사람의 경험을 경제적 논리로 접근해 배경과 비결을 풀어내고 이를 다시 몇 개의 방법론으로 정리한 재미있는 책이 《경제학자의 다이어트》입니다. 이 책은 허구한 날 다이어트를 시도하고 요요 현상에 절망하는 사람들에게 복음이나 다름없습니다.

저는 이런 책을 '진통제 같은 책'이라고 부릅니다. 어떤 문제로 고통을 겪는 사람에게는 진통제 같은 책이 필요하겠지요. 다이어트를 주제로 다루더라도 기존의 내용을 집대성한 책이라면 '비타민 같은 책'이라고 부릅니다. 비타민류는 위로와 응원과 지지라는 영양소를 공급합니다. 진통제는 특정한 방법으로 특정한 문제를 해결하는 데 잘 듣습니다.

내용별로는 세 가지로 구분합니다. 개인적인 이야기를 에세이로 풀어내는 자전적 에세이, 특별하거나 의미 있는 경험에서 의미와 가치를 끌어내 독자와 공유하는 자기계발 에세이, 독자의 문제 상황을 콕 짚어 해결하는 프로페셔널 에세이입니다. 여기에서 말하는 에세이는 '누구나 읽기 쉬운 보편적인 산문의 양식'입니다.

자전적 에세이는 자신만의 특별한 경험, 생각, 고유한 체험을 담아내는 글로 책쓰기에서 가장 쉬운 방법입니다. 자전적 에세이는 작가가 이야기를 사이에 두고 독자와 생각과 느낌을 공유하고 공감을 주고받는 데 의미가 있습니다. '감성 에세이'라고도 불리는 자전적 에세이는 사람 수만큼 다양한 저마다의 삶의 방식에 대중의 관심이 커져 독자층이 아주 두터워졌습니다. 자연히 출판사의 관심도 전에 비해 크게 늘었습니다.

자기계발 에세이는 작가가 자신만의 방법으로 특정한 문제 상황을 해결한 경험을 풀어쓴 글입니다. 그 과정에서 체득한 자기만의 노하우나 팁을 독자에게 전수하는 내용의 책쓰기 모델입니다. 작가만의 문제 해결 방법을 제공하니 자기계발 에세이는 진통제에 가깝습니다.

자기계발 에세이가 작가의 경험에 전적으로 의존하는 내용이라면 프로페셔널 에세이는 검증을 마친 해법을 전수하는 내용입니다. 프로페셔널 에세이는 진통제보다 정교하게 독자의 문제를 해결해 주는 맞춤 처방입니다. 이는 예비 작가 내면에 쌓인 문제 해결 경험을 해법으로 개발하고 이 해법을 알기 쉽게 풀어써야 합니다. 그래서 초보 작가가 하기에는 제법 힘들고 어렵습니다. 제가 코칭하는 분야가 바로 이 프로페셔널 에세이입니다.

자전적 자기계발서를 정리하면 이렇습니다.

- 자전적 에세이 - 비타민류: 작가의 경험을 통해 응원, 지지, 공감을 전달한다.
- 자기계발 에세이 - 진통제류: 작가가 자신의 문제 상황을 해결한 경험을 독자에게 전수한다.
- 프로페셔널 에세이 - 처방제: 특정한 문제에 대한 작가만의 검증된 해결책을 제시한다.

: 나는 어떤 책을 쓰면 좋을까?

자전적 에세이? 자기계발 에세이? 프로페셔널 에세이? 체크표로 나는 어떤 방식으로 책을 쓰면 좋을지 알아봅시다.

① A, B, C 그룹별로 자신에게 해당하는 항목에 체크합니다.

② 그룹별로 체크한 개수를 더해 적습니다.

③ 가장 많이 체크한 그룹이 자신에게 해당하는 책쓰기 분야입니다.

A	□ 나는 남들과는 좀 다른 인생을 살았다고 생각한다. □ 사람들이 내가 살아온 이야기를 들으면 많은 교훈을 얻을 것이라고 믿는다. □ 내가 자주 이야기하는 특정한 경험이 있다. □ 내 이야기를 들은 사람들이 책 써 보라고 난리다. □ 밤새 이야기해도 지치지 않는 특정한 내용이 있다. □ 사람들이 나의 그 경험에 대해 많이 궁금해한다. □ 나는 지금 하는 내 일에 대해 할 말이 많다. □ 나는 어려움이 많았지만 잘 극복하며 살아왔고, 그런 내가 스스로 대견하다. □ 나는 다른 사람들이 겪지 못한 특별한 경험을 했다. □ 인생 선배로서 경험은 공유해야 마땅하다고 생각한다.	개수: 개

B

□ 사람들이 나를 찾을 때는 어떤 곤란한 상황이어서다.
□ 주위 사람들이 인정하는 나만의 주특기가 있다.
□ 나는 서슴지 않고 자랑하는 필살기를 가졌다.
□ 나는 나도 모르게 '그것'을 하고 있을 때가 많다.
□ 나는 나만의 필살기를 널리 보급하고 싶다.
□ 나는 어려서부터 '그것'을 잘한다고 칭찬받고는 했다.
□ 특정한 문제가 생기면 나를 떠올리는 이들이 있다.
□ 나도 텔레비전 프로그램 <생활의 달인>에 나갈 자격이 충분하다.
□ SNS에 내 주특기에 관한 글을 쓰고는 한다.
□ 사람들이 나를 소개할 때 어떤 일을 잘하는 사람이라고 한다.

개수: 개

C

□ 내 분야에 10년 넘게 종사했지만 여전히 공부할 게 많다고 생각한다.
□ 검색 엔진에 내 이름을 써넣으면 연관 검색어가 뜬다.
□ 나는 내가 속한 업계에서 제법 알려져 있다.
□ 기업이나 기관으로부터 자문을 요청받는다.
□ 내 일과 관련해 강의를 자주 한다.
□ 고객들을 대상으로 워크숍을 한 경험이 있다.
□ 나는 내 일과 관련해 노하우를 정리하여 공유한다.

개수: 개

• A – 자전적 에세이: 나만의 체험, 생각, 관점을 다룬 이야기다. 살아가는 방식, 가치관, 철학에 대한 내용이다.
예: 《말로는 표현이 부족한 것들의 이야기》, 《나는 오늘도 점프한다》, 《1000일간의 블로그》 등

- B – 자기계발 에세이: 내 문제를 해결한 비법을 공유한다. 특정한 문제, 고민에 관한 나만의 해결 방안, 기술, 노하우를 다룬다.
  예: 《사장의 품격》, 《적게 일하고 크게 어필하고 싶을 때 읽는 책》, 《읽기와 쓰기를 다 잘하고 싶은 사람이라면 지금 당장 베껴쓰기》 등
- C – 프로페셔널 에세이: 직업적인 경험에서 추출한 전문적인 해법을 공유한다. 검증된 노하우를 제공해 읽는 이가 문제를 해결하도록 돕는다.
  예: 《150년 하버드 글쓰기 비법》, 《엄마의 첫 심리 공부》, 《브랜드 ; 짓다》

책 따라 쓰기 유형 A
자전적 에세이

: 죽기 전에 이것만은 하고 싶다면

자전적 에세이는 세상을 향해 '내 말 좀 들으라'며 외치기보다 '나의 삶이 곧 메시지다'라고 생각하는 사람이 쓰기에 잘 어울립니다.

《휴식수업》은 전라도 어느 섬에 자리 잡은 한의사가 치유를 위한 휴식을 권장하는 내용입니다. 진료하며 생활하며 느끼고 생각한 것을 한 편 한 편의 글로 담아내 책으로 묶었습니다. 저는 이 책처럼 기본적인 생활과 일 외에 가장 많이 생각하거나 시간을 쓰는 것이 무엇인지, 그것을 하면서 무슨 생각을 하고 무슨 느낌이 드는지 써 보라고 주문합니다. 독자에게 뭘 어쩌자고 주장하고 강요하기보다 이렇게 저렇게 하라며 간섭하고 관여하고 개입하기보다 '그냥, 이렇게 살고 있다'고 말입니다. 다른 사람은 어떻게 사는지 몰라도 나는 이렇게 산다고 말이지요. 보여 주는 것만으로도 의미 있는 책을 써 보라고 권합니다.

《나는 그냥 버스기사입니다》는 버스를 운전하는 '그냥' 기사인 작가가 매일 버스를 운전하며 경험하고 생각하고 느낀 것을 쓴 책입니다. 마치 몰래 카메라가 찍은 버스 기사의 일상을 책에 담담하게 담아낸 듯합니다. 저는 이 책을 펼쳐 보이며 이런 책을 써 보라고 요청합니다.

'나는 그냥 초등학교 선생님입니다.'
'나는 그냥 직장인입니다.'
'나는 그냥 식당 주인입니다.'
'나는 그냥 부동산 재테크를 공부하는 학생입니다.'
'나는 그냥 고졸입니다.'
'나는 그냥 쪽방에서 월세로 삽니다.'
'나는 그냥 갱년기입니다.'

'그냥'. 삶과 일의 어느 지점에서 어떤 모습으로, 어떤 방식으로, 어떤 생각으로, 어떤 느낌으로 살고 있는지 써 보라고 주문합니다. '나는'이라는 주어는 글쓰기에 취약한 우리가 그나마 써 온 보고서, 이메일, 메모 등 일터에서 쓰는 글에서는 절대 쓰면 안 되는 단어였습니다. 하지만 지금은 '나는 이렇다'며 고백하고 선언하는 글이 읽히고 지극히 개인적인 삶의 단면을 담담하게 그려 보여 주는 책이 통하는 시대입니다. 평범해서 주목받는 자전적 에세이가 먹히는 시대지요.

생각과 일상과 삶을 보여 주는 방식은 제각각입니다. 어떤 이는 요리, 어떤 이는 스포츠, 어떤 이는 취미, 어떤 이는 공부, 어떤 이는 직업이라는 렌즈로 들이댄 삶은 더러 찌질하고 더러 후지고 더러 남루합니다. 하지만 내남없이 그렇게들 살아가고 살아낸 이야기가 '꼭 내 이야기' 같아서 박수를 받습니다.

'나는 그냥 이러하다'는 방식을 권해도 여전히 멈칫하는 예비 작가에게 저는《1000일간의 블로그》를 권합니다. 이 책은 제가 중학생 아들아이에게 블로그 쓰기를 권유한 3년간의 이야기가 담겼습니다. '오늘 아이는 이런 내용으로 블로그를 썼다, 나는 이런 댓글을 써 줬다'고 거의 매일 되풀이되는 이야기를 일기처럼 썼습니다. 일상에서 반복되는 어떤 이야기를 메모해 뒀다가 책으로 쓰기, 이렇게 쉬운 방법이 또 있을까요? 이것이 자전적 에세이 쓰기입니다.

: 꼭 나밖에 할 수 없는 이야기가 있다

세계 최고의 인터넷 상거래 기업 '아마존'에서 12년을 근무한 박정준. 그가 《나는 아마존에서 미래를 다녔다》로 출간된 책을 쓰자고 결심하게 된 이유는 그 경험을 보전하고 싶어서였습니다. 아마존에서 오래 일한 한인으로서 기업의 성장을 곁에서 목격한 경험이 기억 깊은 곳으로 가라앉기 전에 글로 옮겨 놓자고 결심했지요. 일기 말고는 글을 제대로 써 본 적이 없었지만 매일 퇴근하고 집에 돌아와 아이들이 잠든 동안 한두 자씩 쓰기를 3년 반.

"처음에는 3인칭으로 아마존의 성공 사례나 아마존의 리더십 같은 아마존에 관한 전반적이고 객관적인 글들로 페이지를 채웠다. 이런 정보는 이미 너무 많고, 이런 정보를 전하기에 그릇이 맞지 않는다는 생각이 들었다. 내용이 점점 다른 도서와 기사를 인용한 글들로 채워질수록 맞지 않는 옷을 입은 것처럼 내 자신의 글이 어색하게 느껴졌다."

이렇게 회의하면서도 내용의 70퍼센트를 썼고 때마침 출판 계약을 할 행운이 찾아왔습니다. 그는 결국 1년에 걸쳐 처음부터 다시 쓰기로 했습니다. 일반적인 내용보다 개인적인 경험과 생각이 담긴 좀 더 생생한 이야기 위주로 방향을 완전히 틀었습니다. 그 결과 내가 경험한 아마존이 분수에 맞고 나밖에 쓸 수 없는 글이 됐으며 아무리 작은 일이라도 나밖에 할 수 없는 이야기를 세상과 나눌 수 있게 됐다고 책에서 술회합니다.

: 남의 이야기로 내 책을 쓸 수 있을까요?

완성한 원고를 돌려 읽고 동료들의 의견을 듣는 피드백 수업에서 가장 암담할 때는 원고 내용이 어딘가에서 보거나 듣거나 한 것일 때입니다. 아이디어도 기획안도 제법 솔깃한데 서문을 빼면 거의 남의 이야기로 채워진 원고가 적지 않습니다. 남이 한 이야기를 긁어모아 내 이야기를 할 수는 없습니다. 내 이야기는 내 경험, 내 목소리, 내 사례로 전달해야 흡인력이 있습니다.

어떤 원고는 나에게만 소중한 이야기에 그칩니다. 내 이야기에서 보편성을 찾아 그것을 중심으로 이야기해야 하는데 이 중요한 것을 놓쳤기 때문입니다. 같은 이야기도 내용을 어떻게 구성하고 전달하느냐에 따라 일기가 되거나 체험 수기가 되거나 에세이가 됩니다. 어떠한 경험이 이야기로, 책으로 변환돼 마침내 독자에게 읽히려면 몇 가지 조건에 부합해야 합니다.

① 목소리를 선명하게 내세요.

책방, 식당, 옷 가게까지 주인의 개성에 따라 취향에 맞춰 상품이나 서비스를 편집해 판매하는 가게가 크게 인기를 끌고 있습니다. 크고 화려하고 모든 것을 갖춰 놓은 백화점보다 작지만 '컬러가 분명한' 곳이 환영받는 요즘입니다. 자신이 무엇을 좋아하고 싫어하는지를 스스로 표현하고 강조하는 '미닝 아웃' 시대에는 당신이 쓰는 책도 유니크한 당신을 드러내는 데 집중해야 합니다. 자전적 에세이에는 필자가 분명하게 드러나야 합니다. 한 줄 한 줄 문장마다 행간마다 글 쓴 사람의 모습이 엿보이고 주장과 가치와 철학이, 취향과 성향이 확연하게 전달돼야 합니다.

② 남에게도 흥미로워야 합니다.

누구나 자기 이야기를 하면 신나고 흥분됩니다. 하지만 누구나 남의 이야기에는 그리 관심이 없습니다. 자기 이야기를 구구절절 쏟아 내면 에세이가 아니라 체험 수기로 전락합니다. 체험을 단순히 전달하는 것이 아니라 그로 인해 어떻게 생각하고 어떻게 느꼈으며 성찰했는지를 독자와 공유해야 합니다. 경험 자체에 치중하기보다 그 경험을 통해 하려는 이야기를 해야 합니다.

③ 선택하고 압축하세요.

"모든 경험은 100개의 부분, 100개의 얼굴을 갖고 있다. 나는 그중 하나를 취한다. 나는 그것을 폭넓게 그리려 하지 않고 최대한 깊게 파고들어 가려 한다."

에세이 작가로 유명한 몽테뉴의 말입니다. 많은 사람이 간과해서 자전적 에세이를 쓸 때 자기 경험의 전반을 털어놓습니다. 이래서는 독자에게 영향을 미치는 책쓰기가 불가능합니다. 내 이야기로 독자가 어떤 영향을 받기를 원하는지 먼저 생각해야 합니다. 그리고 그 의도에 맞게 경험을 선택하고 집중합니다.

얼마나 잘살고 있는지 얼마나 힘들고 어려웠는지 얼마나 경력이 화려한지 자신의 삶을 온통 드러내고 싶은 마음으로 쓰면 이런 책은 자기애로 똘똘 뭉친 애처로운 작가로 보이게 합니다. 반면 그러한 경험에서 발견한 의미와 가치를 독자와 나누려는 마음으로 책을 쓰면 비록 사소한 경험일지라도 독자를 애태우게 만듭니다.

누군가의 어떤 경험은 한 권의 책이 되는데 어떤 사람의 경험은 그렇지 못합니다. 그 경험에 차이가 있거나 경험의 가치가 다르기 때문이 아닙니다. 경험을 어떻게 해석하고 거기에서 의미와 가치를 발견하려고 했는지 성의에 차이가 있습니다. 경험에 대해 깊이 이해하고 그 경험이 의미하는 바를 발견해 그것을 남다른 견해로 발전시켜 이야기할 때, 누군가의 시시콜콜한 이야기도 체험 수기가 아니라 공감 가득한 이야기가 됩니다.

: 책이 되는 덕질, 작가 되는 오지랖질

어려서부터 집 안 구석구석을 정리하는 데 혈안이 된 곤도 마리에의 별명은 '정리충'입니다. 정리 덕후의 덕질은 급기야《인생이 빛나는 정리의 마법》으로 표현됐고 정리충인 그는 이제 세계적인 유명인사입니다.

광고일을 하는 김지영 작가는 상대가 기업이든 사회든 택시 기사든 백화점 직원이든 상관없이 어이없고 황당한 상황에 직면했을 때 한 치의 머뭇거림도 없이 바로 컴플레인을 합니다. 백화점 세일에서 영화 관람, 통신사 요금 체계와 개인 정보 유출 문제까지 불평의 종류도 다양합니다. 그의 덕질도 《웬만해선 그녀의 컴플레인을 막을 수 없다》로 공유됐습니다.

아들과 아들이 좋아하는 선생님과 함께한 귀한 식사 자리에서 무슨 이야기 끝에 결국 제 입에서는 이 말이 나오고야 말았습니다.

"그것도 오레오하면 돼. 결론부터 말하고 이유를 말하고…."

이렇게 때와 장소를 가리지 않고 허구한 날 '오레오질' 하더니 저는 《150년 하버드 글쓰기 비법》을 썼습니다.

웬만해서는 못 말리는, 말려도 안 듣는 당신에게도 그런 덕질이나 오지랖질 하나쯤 있겠지요? 그게 바로 당신 책의 전신(前身)입니다. 취미든 관심사든 특기든 일이든 생활이든 심지어 게으름 피우기, 맛집 찾아다니기, 멍 때리기조차 덕후 수준으로 하는 이들이 책을 냅니다. 누구의 눈에도 어떤 것에 빠져 열중하는 모습은 참 보기 좋거든요. 자꾸 들여다보고 싶어지거든요. 이런 욕구를 눈치챈 출판사가 덕후에게 책을 내자고 제안하는 것도 요즘 유행입니다. 덕질로 펴 올린 열정과 그 과정에서 생겨난 이야기가 얼마든지 콘텐츠가 되기 때문입니다.

40대, 워킹맘, 직업은 신문 기자. 이 작가가 책을 냈다면 무엇에 관한 내용이겠습니까? 원유 작가가 쓴 책은《이 나이에 덕질이라니》입니다. “본격 늦바람 아이돌 입덕기”라는 부제를 읽으면 책 내용이 바로 짐작되지만 ‘그 나이에 아이돌에 빠져 덕질한다고?’라는 반문이 따라붙습니다. 이런 반문은 요즘 돌아가는 세상을 잘 모르면 생깁니다.

‘덕질, 입덕, 성덕, 덕업일치….’ 이런 말이 예사로 사용될 만큼 뭔가에 빠져 사는 사람들이 제 세상을 만났습니다. 자신에게 의미가 특별한 대상에 몰두하며 관심의 정도를 전문가의 수준까지 쌓아올린 특정 분야의 애호가를 뜻하는 ‘덕후’들이 마침내 서점가에 진출했지요.

“돈을 벌려면 돈을 덕질하라. 돈에 관심 있으면 이미 돈 입덕자, 돈 덕질은 재능이 필요하거나 기술을 배워야 할 필요가 없으며 심지어 돈이 들지도 않는다.”

유수연 자산 관리사는《부자언니 1억 만들기》에서 돈을 모으려면 ‘돈 덕후’가 되라고 말합니다. 연예인 덕후가 연예인을 덕질하듯 게임 덕후가 게임을 덕질하듯 돈을 덕질하면 부자로 가는 길의 모든 과정이 즐거운 덕후 생활이라고 주장합니다.

책쓰기 강연에서 이런 질문들이 나옵니다. 제 답도 간단합니다.

"책을 잘 쓰는 사람이 따로 있나요?"
"책을 잘 쓰려면 어떤 조건이나 자격을 갖춰야 하나요?"

"덕질하는 사람, 덕후들이 잘 씁니다."

책을 쉽게 쓰는 사람은 글을 잘 써서라기보다 책쓰기를 많이 배워서라기보다 오랜 시간 그 내용을 '덕질'해 왔기 때문입니다. 덕질한 내용으로 책을 쓰면 그 과정에서 어떤 어려움을 만나도 금세 극복합니다. 책을 갖기까지 시간이 그리 오래 걸리지도 않습니다. 책 쓰는 시간이 그에게는 덕후로서 즐기는 것이니 말입니다. 저는 책쓰기 코칭에 들어가면 예비 작가에게 우선 몇 가지를 묻습니다.

"밥 먹는 것보다 좋아하는 게 있나요?"
"무엇을 잘한다고 소문났나요?"
"남들이 자꾸 묻는 게 있나요?"

이 세 가지 질문은 그가 어떤 분야의 덕후인지 가늠하는 데 제격입니다. 곧 책이 되는 덕질의 3요소지요. 덕후는 이 질문에 답할 때 눈이 반짝입니다. 목소리가 약간 올라가고 볼이 상기됩니다. 이런 경험으로 저는 책을 낼 만한 조건이 따로 있다면 그것은 시간과 에너지와 돈까지 아까운 줄 모르고 쏟아부으며 무엇에 덕질을 하는가의 여부라고 믿습니다.

배우 하정우는 시간이 나면 걷습니다. 그는 걷기 덕후일뿐만 아니라 지인들과 걷기 프로젝트를 하는 '오지라퍼'입니다.《걷는 사람 하정우》는 그의 덕질과 오지랖질이 낳았습니다. 이처럼 덕질 못지 않게 오지랖질에 시간과 에너지와 돈을 쓰는 사람이 있습니다. 오지랖 넓은 사람들은 남 잘되라고 수단과 방법을 가리지 않고 가진 것을 내줍니다.

덕질과 오지랖질이 책쓰기를 만나면 덕밍아웃이 되고 덕밍아웃은 돈을 벌게 해 줍니다. 책을 내면 그동안 덕질과 오지랖질에 들인 돈과 시간과 에너지에 대한 보상을 받습니다. 대개 덕후들은 덕질에 만만치 않은 돈을 쓰기 때문에, 또 덕후의 책이 소비 패턴이 다른 소비를 유도하기 때문에 이를 알고 그들의 책을 본 기업들이 덕후의 영향력을 삽니다.

책 따라 쓰기 유형 B
자기계발 에세이

: 백종원처럼 노하우 아낌없이 전수하기

'제이미 올리버, 줄리아 차일드, 백종원.'

이 세 사람의 공통점이 무엇인지 아시나요? 요리사에 매스컴이 좋아하는 '셀럽(유명인)'입니다. 요리를 하니까 요리책을 썼습니다. 또 있습니다. 자신의 레시피를 아낌없이 알려 준다는 것입니다. 심지어 텔레비전에 나와 그 레시피로 조리하는 방법까지 일일이 알려 줍니다. 조리사에게 레시피란 생명줄이며 재산인데 그것을 거리낌 없이 만천하에 공개합니다.

이렇게 전부 공개하고도 이들의 인기는 사그라들지 않습니다. 레시피와 요리법은 물론 비즈니스에 필요한 요령들을 아무리 세세히 전수해도 정작 중요한 것은 그들 속에 여전하기 때문입니다. 글과 말로 전하지 못하는 경험칙은 이들 안에서 끄떡도 않고 자리합니다. 이처럼 자기계발 에세이는 내가 가진 최고의 레시피를 독자에게 제공하는 유형의 책쓰기입니다. 그 레시피는 작가인 나의 경험으로 검증돼 독자를 도울 수 있어야 합니다.

기성 작가를 위협하는 초보 작가들의 분투는 자기계발 에세이라는 그릇에 담아낸 경우가 많습니다. 자기계발 에세이는 '내가 이렇게 살아왔다'를 넘어 '내가 사는 동안 이런 곤란한 상황이 있었는데 이렇게 해결했어. 같은 고민을 한다면 한번 들어 볼래?'라며 이야기하는 방식입니다. 자기 고민만 해결해도 그 경험으로 책을 한 권 쓸 수 있는 수지맞는 방식입니다.

책 한 권 읽지 않던 사람이 1년에 520권을 읽었다면 그 비결이 궁금할 것입니다. 15킬로그램을 감량하는 데 성공했다면 다이어트 비결이 궁금할 테지요. 책 한 권 읽고 열흘 만에 토지 입찰에 성공했다면 또 얼마나 궁금하겠어요. 《1日1行의 기적》은 남들이 다 부러워하는 작가의 실행력을 '당신을 실행력 갑으로 만드는 법칙'으로 정리해 전수합니다. 이처럼 자기계발 에세이는 자신의 경험으로 문제를 해결하는 비법이나 노하우를 정리해 전달하는 것이 특징입니다. 예를 들어 자기만의 방법으로 한 달 만에 10킬로그램을 감량하는 데 성공한 경험을 책으로 쓰려면 3단계 과정이 필요합니다.

- 1단계: 스스로 특정 문제를 해결합니다.
  살을 뺍니다. 다들 부러워할 만큼 그리고 독자적인 방법으로 살을 뺍니다.
- 2단계: 문제를 해결한 경험에서 노하우를 추출합니다.
  빨리 수월하게 살을 뺀 방법을 노하우로 정리합니다.
- 3단계: 문제 해결 노하우를 정리해 책으로 씁니다.
  단계별로 따라 하기 쉽게 설명하고 알려 줍니다.

책 따라 쓰기 유형 C
프로페셔널 에세이

: 개통령 강형욱처럼
솔루션을 척척

텔레비전에서 이 프로그램을 할 때면 예외 없이 채널을 고정합니다. 심지어 시청 예약을 걸어 놓기도 합니다. 바로 〈세상에 나쁜 개는 없다〉입니다. 개를 무서워하지만 이 프로그램은 참 재미있게 봅니다. 프로그램의 주인공인 강형욱 훈련사의 훈련 방법에 반해서지요. 이분 앞에서는 어떤 문제견도 사랑스러운 반려견이 됩니다. 그래서 강형욱 님은 반려견 보호자들의 대통령입니다.

소아청소년정신과 서천석 전문의가 출연하는 라디오 프로그램도 반드시 다시 듣기로 챙겨 듣습니다. 소아, 청소년들이 왜 무엇 때문에 어른들을 속상하게 만드는지 이 프로그램에 다 나옵니다. 서천석 의사가 라디오에서 전하는 해법을 듣노라면 비록 오래전이지만 아이를 키우면서 제가 얼마나 아이를 모르고 대했는지 알게 되고 반성합니다. 육아하는 엄마들에게 서천석 의사는 아이돌입니다. 국민 스타에 가깝게 팬덤을 구축한 강형욱, 서천석의 공통점이 무엇인지 아세요?

두 사람은 고객(소비자)이 문제라고 여기는 특정한 상황에 척척척 해법을 내놓습니다. 그것도 아주 구체적으로 알려 줍니다. 아주 쉽게 바로바로 해결되게끔요. 이 사람들은 뻔한 이야기, 누구든 말할 만한 일반론은 꺼내지 않습니다. 무엇에 관한 문제이며 어떤 방법으로 어떻게 하면 해결 내지 해소되는지를 콕 짚어 알려 줍니다. 그리고 이런 문제를 발생하게 만든 원인도 밝히면서 '이렇게 하면 예방할 수 있다'고 짚어 줍니다.

이 프로그램들을 접할 때마다 '책도 이렇게 써야 하는데…'라는 생각이 듭니다. 웬만한 문제는 인터넷, 유튜브, 소셜 미디어에 검색해 거의 다 해결하는 시대입니다. 하지만 아직 책을 사 보면서까지 해결을 모색해야 할 만큼 심각한 문제도 많습니다. 책이 어떤 독자가 겪고 있는 심각한 수준의 문제를 해결하도록 돕는 방법을 제시해 줄 때 독자는 그 책을 기꺼이 사서 읽습니다. 이처럼 특정 문제에 검증된 작가만의 해결 노하우를 쓴 책을 프로페셔널 에세이로 구분합니다.

프로페셔널 에세이는 전문적인 내용을 쓰되 특정 문제에 대한 검증된 솔루션을 독자의 눈높이에 맞게 전달하는 것이 목표입니다. 이렇게 쓰인 책은 출간되기가 무섭게 작가에게 다양한 비즈니스 기회를 가져다줍니다. 강연, 워크숍, 컨설팅, 자문 등 비즈니스 요청이 이어지지요. 아마 거의 모든 예비 작가가 책을 쓰면서 기대하는 바인지도 모릅니다.

하지만 이러한 수준의 책쓰기는 쉽지 않습니다. 책으로 쓰기 이전에 특정 분야의 문제를 해결해 온 자기만의 솔루션을 축적해야 하기 때문입니다. 한 분야에서 오랫동안 경험을 쌓았더라도 그것을 자기만의 이론과 방법으로 재창조해야만 '솔루션'으로 독자에게 전달이 가능합니다. 프로페셔널 에세이는 '쓸거리'인 솔루션 콘텐츠를 갖는 작업이 녹록지 않아서 그렇지 쓸거리를 확실히 갖춘 만큼 책으로 써내는 작업은 의외로 수월합니다.

제가 주기적으로 진행하는 책쓰기 수업은 프로페셔널 에세이 쓰기 과정입니다. 예비 작가의 직업적 경험이나 체계적으로 구축한 전문성을 토대로 독자적인 콘텐츠를 발굴하도록 돕는 것이 제가 이 수업에서 맡은 역할입니다. 이 과정은 작가가 상정한 책쓰기 주제에 맞춰 그의 경력과 경험을 정렬하고 이에 맞춤한 아이디어를 발굴하기가 핵심입니다. 이어서 아이디어를 전달할 타깃 독자를 설정하고 그들의 눈높이에 맞게 솔루션을 개발합니다. 솔루션을 요리 전문가의 레시피처럼 쉽게 풀어 설명하면 책쓰기 준비는 마무리됩니다.

전문적인 경력을 쌓은 예비 작가들이 주로 참여하는 이 책쓰기 과정에서도 이렇게 접근합니다. 그래서 여기에 참여한 예비 작가들이 많이 힘들어합니다. 중도에 포기할 확률도 상당히 높습니다. 그럼에도 불구하고 이 과정이 이어지는 이유는 무엇일까요? 전문가로서 명성을 다지고 그 명성에 걸맞은 책을 내고 강연, 컨설팅, 코칭, 워크숍, 조언 사업 등 비즈니스를 연계하려는 꿈을 실현하려면 프로페셔널 에세이를 써야 하기 때문입니다.

: 내 이름값을 최고치로 높이는 프로페셔널 에세이

오길비는 뉴욕의 소란스러운 일상에서 회사의 미래에 대해 생각해 볼 시간이 너무 적다고 생각했습니다. 그는 여름휴가에 맞춰 매

사추세츠 북안 입스위치의 별장으로 갔고 그 여름 내내 책을 썼습니다. 일하며 틈틈이 써 모은 생각을 토대로 개인사와 광고 철학, 경영 원칙을 아우르고 다양한 에피소드를 곁들인 내용이었습니다. 그리고 이듬해《나는 광고로 세상을 움직였다》로 출간해 오길비의 인생도 뒤집혔습니다. 광고업을 화려하면서도 전문적이고 품위 있는 일로 묘사해 광고계의 거물이 됐습니다. 책은 타임지 베스트셀러 목록에도 올라 여섯 달 동안 6쇄를 찍는 등 책이 잘 팔려 출판계에서도 스타가 되고 일반 독자에게도 이름을 알렸습니다.

이 책은 150만 부가 넘게 팔린 베스트셀러로 지금껏 팔리고 있습니다. 이 책 덕분에 오길비는 많은 일감을 수주했고 광고계의 리더로 자리 잡을 수 있었습니다. 이렇게 잘 쓴 한 권의 책은 작가의 비즈니스와 경력에 핵무기가 되는데요. 이처럼 전문적인 내용을 쓴 책을 프로페셔널 에세이라고 부릅니다. 프로페셔널 에세이는 작가의 커리어에 강력한 무기를 다는 것이나 다름없습니다. 작가 로알드 달의 오길비의 책에 대한 평을 들으면 프로페셔널 에세이가 어째서 커리어의 핵무기인지 알 수 있습니다.

“이 책은 지금까지 당신이 쓴 카피 중에 가장 긴 카피다. 그리고 가장 효과적이다. 그 광고주는 결과물에 만족할 것이다. 지금보다 더 많은 사람이 그 상품을 살 것이다. 당신의 광고주는 바로 당신이다."

대부분의 프로페셔널 에세이는 잘 팔립니다. 그래서 출판사에서도 쌍수 들어 환영합니다. 유력한 출판사의 이름으로 출간된 프로페셔널 에세이는 작가의 이름값을 최대치로 올려 주고 그의 커리어와 비즈니스에 핵무기처럼 강력한 영향을 행사합니다. 프로페셔널 에세이는 'ABC 효과'를 발휘해 그야말로 돈이 되는 책쓰기를 이뤄 줍니다.

잘 팔리는 책쓰기, ABC 효과

Attention(어텐션): 책을 읽은 독자가 당신의 역량에 흥미를 갖고

Brandawareness(브랜드어웨어니스): 전문가로서 당신의 존재와 이름을 인지하고

Communication(커뮤니케이션): 당신과 소통함으로써 비즈니스 기회가 일어나는 것

자기계발 에세이가 작가의 특정 경험에서 나름의 비결을 추출해 들려주는 다분히 주관적인 내용이라면 프로페셔널 에세이는 직업적인 성공과 성취에 기반을 두고 검증과 인정을 받는 객관적인 솔루션이 토대라는 점에서 제법 차이가 큽니다.

앞서 작가의 경험을 자기계발 에세이로 쓰는 3단계를 알아봤습니다. 같은 경험을 프로페셔널 에세이로 쓰려면 검증 한 단계가 더 필요합니다. 프로페셔널 에세이로 쓰인 《아저씨 다이어트 클럽의 기적》이 다루는 내용을 재구성해 봅시다.

- 1단계: 스스로 특정 문제를 해결합니다.
  작가 기리야마 히데키. 50대. 청년 시절에는 날씬했으나 몸무게가 87킬로그램까지 늘었습니다. 2010년 당뇨병 진단을 받은 것이 계기가 돼 당질 제한 식사로 67킬로그램까지 감량하고 날씬하고 건강한 몸을 되찾았습니다.
- 2단계: 문제를 해결한 경험에서 노하우를 추출합니다.
  당뇨병이나 비만인 사람들을 위한 교토 다카오 병원의 '당질 제한 식사 10개조'를 중심으로 노하우를 추출합니다.
- 3단계: 문제 해결 노하우를 임상하고 검증합니다.
  중년 남성들을 위한 다이어트 모임 '아저씨 다이어트 클럽'을 만들어 의사, 편집장, 호텔리어, 기술자, 작가 등 각계각층의 남자들이 함께해 몸무게 감량에 성공하도록 돕습니다.
- 4단계: 문제 해결 노하우를 정리해 책으로 씁니다.
  문제 해결 방법을 단계별로 따라 하기 쉽게 설명하고 알려 줍니다. 소소한 팁까지 챙기면 독자는 더욱 좋아합니다.

책쓰기 코치는 누구에게 코칭받을까?

: 좋아하는 책을 따라 하는 책쓰기 방법

저는 2007년부터 책쓰기를 가르치고 배우는 '송숙희책쓰기교실'을 진행했습니다. 그동안 1,000분이 훌쩍 넘는 예비 작가와 함께했습니다. 10년이 지나자 이름을 대면 금세 알 만한 베스트셀러 작가도 속속 등장했습니다. 저의 책쓰기 교실을 수료한 지 반 년 만에 책을 내는 사람도 6년 만에 책을 내는 사람도 있었습니다. 어떤 이는 10년 만에 드디어 책을 냈다며 감격에 찬 목소리로 연락합니다. 책을 내고 작가가 된 사람들에게 저는 이런 인사를 받습니다.

'코치님 덕분에 드디어 책이 나왔습니다.'

제 덕분이라니요. 저야 '책 선생'을 따라 하면 책을 쉽게 쓸 수 있다고 거들었을 뿐인데요. 어느 날 저를 거쳐 믿기지 않는 속도로 6개월 만에 책을 낸 작가와 통화를 했습니다. 어떻게 이렇게 빨리 책을 쓸 수 있냐는 저의 물음에 대답이 가벼웠습니다.

"코치님이 책을 쓸 때 서점에 있는 책들에게 코칭받는다고 하셨잖아요? 그 말이 하도 인상적이어서 저도 해 봤어요. 진짜 되던데요?"

그제야 기억났습니다. 이미 책을 낸 작가이면서 '송숙희책쓰기교실'을 수강한 김 선생이 수업 마지막 시간에 한 물음에 저는 이렇게 답했습니다.

"송 코치님은 누구에게 코칭받습니까?"
"나의 코치는 책입니다. 나는 그 책들을 따라 합니다."

저는 '원하는 사람은 누구나 책을 쓰고 작가가 될 수 있다'는 기치를 내걸고 평균 70여 일의 과정으로 책쓰기 교실을 진행해 왔습니다. 이 기간 동안 일명 '송책교' 멤버는 온라인에서 매일, 매주 과제를 수행하며 책쓰기의 기본을 닦고 서너 차례 만나 책쓰기의 핵심적인 내용이 담긴 강의를 들은 후 과제에 대한 피드백을 주고받으며 책쓰기를 준비합니다. 10년 넘도록 수업이 계속되는 동안 프로그램 내용이나 기간을 바꿔 가며 이런저런 시도를 해 왔지만 저를 거쳐 간 분들의 수료 소감은 한결같습니다.

"책 읽기가 책쓰기의 핵심 비결이라는 걸 알게 됐어요."

지금도 저는 책을 쓰려면 책을 제대로 읽기부터 해야 한다고 단호하게 말합니다. 책을 읽을 줄 모르면 절대 쓸 수 없다고 강조합니다. 제가 말하는 읽기란 책을 볼 줄 아는 것을 말합니다. 책을 볼 줄 안다는 것은 읽으며 내용을 이해하고 행간을 살피면서 저자의 의도를 간파하고 지면을 보면서 정보가 어떻게 전달되는지 아는 것을 말합니다.

책을 읽기만 하고 볼 줄 모르면 책쓰기는 어렵기만 합니다. 반면 책을 볼 줄 알면 그것만으로 어떤 도움 없이도 초고쯤 쉽게 쓸 수 있습니다.

: 밉지 않게 자랑하기부터 시작하는 책쓰기

"저에게 마음껏 자랑해 주세요. 무슨 자랑이든 하세요."

책쓰기 수업에서 늘 하는 말입니다. 살다 보면 이래저래 크고 작은 자랑거리가 생깁니다. 어떤 자랑은 가족에게만 해야 하고 어떤 자랑은 가족에게도 통하지 않을 때가 있습니다. 어떤 자랑은 남에게는 먹히지 않을 때가 있고 어떤 자랑은 특정한 이에게만 먹히기도 합니다. 분명한 점은 자랑해야 할 것을 그냥 두면 체한다는 것입니다. 그래서 자랑을 받아 줄 이를 잘 골라 자랑해야 하는데 그게 쉽지 않습니다.

저는 책을 쓰려면 일단 자기 자랑을 쏟아 낼 수 있어야 한다고 말합니다. 그리고 책쓰기 수업에서는 지극히 개인적이고 주관적인 그 '자랑질'을 돈 내고 듣게 만드는 '전략적 자랑'으로 바꾸는 작업을 합니다. 이 전환 과정을 필수로 거치면 말로만 끝내고 말았을 자랑이 전문성으로 누적되고 돈이 되고 명성이 됩니다. 이런 연유로 책쓰기 교실 수강생들은 문자와 전화와 이메일로 제게 끊임없이 자랑을 보냅니다.

'승진했어요.'

'프로젝트 먹혔어요.'

'미국 본사에서 콜 왔어요.'

'이런 행사를 했어요.'

'저런 미팅을 했어요.'

'요런 강의 요청받았어요.'

그들은 압니다. 제게 자랑을 보내면 아이디어로 되돌아온다는 것을요. 저는 기꺼운 마음으로 자랑을 쌓아 뒀다가 다음 수업 시간에 그것들을 책쓰기 자료로 활용하는 방법으로 알려 줍니다. 그러니까 책쓰기는 '전략적으로 자랑질하기'입니다. 그리고 저는 자랑 수집가입니다.

다음 장부터는 당신도 책을 쓰고 작가가 되고 책테크를 할 수 있는 구체적인 방법을 소개하겠습니다. 바로 '책 선생 따라 하기'입니다. 즉 책을 제대로 파악하고 따라 해 책을 쓰는 것입니다. 좋아하는 책을 모델과 멘토 삼아 선생님처럼 여기며 그 책을 따라 하고 그 책처럼 쓰는 것을 말합니다.

제3장

신데렐라 코스 **따라 하기**

SNS만 할 줄 알면 누구나 손쉬운 책쓰기

“

중요한 것은 종이냐 픽셀이냐가 아니다.
우리가 사랑하는 것은 아이디어와 단어다.

제프 베조스

”

요즘 작가는 **신데렐라?**

: 단군 이래 최대 불황인 출판계가 생존하는 법

책쓰기는 기적이고 마법입니다. 책을 내면 단숨에 세계 1등 기업가나 학자, 유명인사의 반열에 오를 수 있습니다. 무슨 말인가 하면 인터넷 서점 신간 소개 페이지에 내 책이 오를 때 내 책 앞뒤로 그러한 거장이나 유명인사의 책이 위치하는 행운이 곧잘 생기기 때문입니다. 이름만으로도 눈부신 사람들의 책 사이에 있는 내 책을 업계 동료들이, 지인들이, 가족이 본다면 어떻게 반응할까요?

21세기 신데렐라는 출판계에서 탄생합니다. 출판계가 배출하는 신데렐라는 책을 내려고 초고부터 쓰는 노력을 하지 않았습니다. 책을 내 달라고 출판사에 아쉬운 소리를 하지도 않았습니다. 최근 서점가를 장악한 책들은 워드 파일이 아니라 SNS에서 책쓰기를 시작했습니다. 매일 SNS 했을 뿐인데 출판사에서 책 내자고 요청하는 일이 일어납니다. 하루아침에 신데렐라가 되는 마법이 일어납니다.

SNS 했을 뿐입니다. 그랬을 뿐인데 독자들에게 눈도장 확실히 찍은 콘텐츠를 찾는 출판사의 눈에 들어 그들은 책을 냅니다. 책이 나오면 그동안 친하게 지내 온 SNS 독자들이 십시일반으로 사 주는 구매력을 업고 단숨에 베스트셀러 상위권에 진입합니다. 내로라하는 기성 작가를 가뿐히 제치고 말입니다.

책 읽는 이가 팍팍 줄고 책 사서 읽는 이는 실종되다시피 한 판국에 출판사는 어떤 책을 출간해야 생존할 수 있을까요? 출판사를 대신해 이렇게 질문하면 어떤 작가가 생존할 수 있을지에 대한 답도 보입니다. 결론부터 말하면 요즘 잘나가는 출판사는 으리으리하게 저명한 작가보다 SNS에서 팬층을 확보한 재야 고수를 선호합니다. 이름도 들어 본 적 없는 작은 신생 출판사들이 수십 년 이력의 대형 출판사를 제치고 잘나가는 이유이자 이들이 생존하는 방식입니다.

1인 출판을 하겠다고 너도나도 덤비는 배경도 여기에 있습니다. 신생인데도 잘나가는 출판사들이 물색하는 작가는 대형 출판사에서 속칭 '듣보잡'으로 여겨 눈길조차 안 주는 이들입니다. SNS를 통해 콘텐츠를 생산하고 콘텐츠로 예비 독자와 소통하는 이들을 포착할 눈썰미만 있다면 혼자서도 얼마든지 베스트셀러를 낼 수 있습니다.

"단군 이래 역대 최고 불황이다."

제가 책을 쓰거나 쓰게 하는 일로 책 동네에 발을 디딘 때가 2002년입니다. 그리고 이때부터 지금까지 계속 듣는 말입니다. 그러니까 출판 산업은 매 순간 점점 나빠지고 있다는 이야기입니다. 이러한 비명이 아니라도 책 읽는 이를 찾아보기 힘든 상황이라 그 형편이 어떤지 짐작이 어렵지 않습니다.

이러한 만성 불황을 타개하기 위해 출판사들이 팔 걷어붙이고 나서 SNS를 탐색하고 있습니다. 크거나 작거나 오래됐거나 신생이거나 할 것 없이 저자 발굴을 책임지는 출판사 편집자들은 블로그나 페이스북 등을 찾아다니며 가능성이 보이는 콘텐츠를 탐색합니다.

출판사 입장에서는 괜찮은 콘텐츠를 모아 놓은 SNS를 찾아내기만 하면 초고를 발견한 것이나 다름없습니다. SNS 콘텐츠를 다듬어 출판 원고로 만들면 두세 달 만에도 책을 낼 수 있으니까요. 거기에다 작가가 이미 독자가 돼 줄 사람들과 친하게 지내고 있다면 판로를 확보한 것이나 다름없으니 책을 내고 마케팅을 해야 하는 출판사로서는 그야말로 '웬 떡?' 아니겠습니까?

그 결과 요즘 대형 서점이 집계한 베스트셀러 순위에는 SNS 출신들이 상석에 포진합니다. 《지적 대화를 위한 넓고 얕은 지식》, 《언어의 온도》, 《무례한 사람에게 웃으며 대처하는 법》 같은 책들이 증거입니다. 더 놀라운 점은 이러한 SNS 출신 작가 중 그동안의 출판 문법대로 원고를 써서 출판사에 투고했으면 출간되기 힘들었을 무명의 일반인이 많다는 것입니다.

이 말은 이 책을 읽는 당신도 출판사에 들이밀 원고부터 쓰기보다는 SNS에 글을 올려 출판사의 눈에 띄는 것이 작가로 데뷔할 확률이 확 높다는 것입니다. 책이 팔리지 않은 시대에 SNS는 이제 출판사의 구원 투수입니다. 책을 내고 홍보하거나 판매를 촉진하는 데는 물론 작가를 발굴하는 일에까지 출판사가 전적으로 의지하는 도구이자 수단입니다. 이것이 책을 쓰고 싶어 하는 당신이 SNS부터 해야 하는 이유입니다.

"편집자들이 올리는 신간 기획안을 보면 '블로그 없었으면 어떻게 했을까' 싶어요."

우리나라에서 손꼽히는 출판사 대표와 미팅하던 중에 들은 말입니다. 신간 기획안은 출판사 편집자들이 '이런 저자로 이런 책을 출간하자'고 기획해 회사 측에 제안하는 문서입니다. 기획안이 통과되면 편집자는 기획안대로 진행합니다. 그런데 요즘 편집자들은 블로그에 전적으로 의지해 아이디어와 작가를 발굴한다는 말입니다.

책을 읽지 않는 시대지만 우리나라에서 책은 매일 150권가량 출간됩니다. 새 책이 출간되고 운이 좋으면 서점 신간 진열대에서 3일쯤 생존하다가 또 운이 좋으면 벽면 서가에 꽂혔다가 창고로 가고 혹은 반품됩니다. 이런 상황이니 새 책이 독자의 눈에 띄기가 점점 어렵습니다. 그래서 출판사는 출간한 책이 어떻게든 독자의 눈에 띄게 하려고 갖은 애를 씁니다. 만일 작가인 당신이 블로그, 페이스북, 유튜브 같은 SNS에서 수천 명의 이웃과 함께하고 있다면 출판사들이 당신의 책을 내는 일을 마다할까요?

: 잘나가는 작가는 독자와 소통부터 먼저 한다

출판사에서 책을 내는 데는 두 가지 길이 있습니다. '원고를 보내 채택되거나 출판사 청탁을 받거나'입니다. 앞서 투고로 뽑혀 책을 낼 확률은 1퍼센트도 안 된다고 했는데요. 편집자의 눈에 들어 출판사에서 책을 내자고 제안받는다면 성공률이 100퍼센트겠지요.

"저자가 되고 싶다면 다양한 매체에 자신의 글을 노출시키라고 권해드리고 싶어요. 요즘에는 페이스북이나 트위터 같은 SNS를 많이 하지만, 그래도 역시 블로그 같은 곳에 꾸준히 자신의 콘텐츠를 쌓는 것이 중요해요. 설사 당장은 찾는 사람이 많이 없더라도, 내용만 괜찮으면 사람들이 조금씩 찾거든요. 입소문이 날 수도 있고, 연관 검색어에 걸릴 수도 있고요."

〈오마이뉴스〉에 실린 웨일북 출판사 권미경 대표의 조언입니다. 출판사에서 이런 조언을 하는 이유는 블로그에 쓴 글로 콘텐츠에 대한 반응을 미리 가늠해 볼 수 있기 때문입니다. 책이 독자에게 가닿는 프런트 채널이라면 SNS는 백 채널입니다.

요즘 독자는 책만 사지 않습니다. 책을 쓴 작가와 통하고 싶어 합니다. 또 책을 만든 출판사와 이야기하고 싶어 합니다. 책 파는 서점과도 친구가 되고 싶어 합니다. 백 채널인 SNS에서 독자는 작가의 책이 나오기 전부터, 책이 나온 후에도 계속해서 소통하기를 즐깁니다.

이렇게 작가와 긴밀하게 유대감을 쌓은 독자는 작가가 다음에 쓸 책의 예비 독자이기도 합니다. SNS 공간에서 작가는 독자와 소통하며 사람들의 애로를 듣고 조언하면서 독자가 겪는 문제를 짚어 내기도 합니다. SNS에서 작가와 독자는 서로 도움을 주고받으며 각자 문제를 해결하고 그 경험을 축적해 사례도 모아 갑니다.

저의 백 채널은 블로그와 인터넷 카페입니다. 각각 2004년, 2006년부터 써 왔습니다. SNS 채널에는 한창 뜨거운 인기를 구가하는 유튜브도 인스타그램도 있으나 제 전문성은 글쓰기라는 키워드에 특화돼 있습니다. 책 또한 텍스트로 만든 콘텐츠라서 '쓰기'를 기반으로 둔 SNS인 카페와 블로그로 만족합니다. 욕심을 내면 다른 채널도 못 할 것은 없지만 그러면 능력 이상의 에너지를 내야 하고 또 다 잘하기란 불가능하기에 지금은 여기까지만 합니다.

요즘 독자는 증거 중독자라고 하지요? 책이 마음에 든다고 그 자리에서 바로 구매하는 일은 없습니다. 누가 썼는지 검색해 작가에 대해 더 알고 싶어 합니다. 이때 이미 많은 사람과 함께하는 작가의 SNS를 발견한다면 독자는 안심하고 책을 삽니다. 그러니 SNS부터 하세요, 지금 당장.

SNS만 할 수 있으면
책쓰기는 문제도 안 된다

: 일상에서 일생까지
책이 되는 SNS 쓸거리

"5년 전 내가 처음 블로그에 글 쓰던 시절 사람들은 말했다. 저건 누구나 다 아는 얘긴데 왜 저런 글을 쓸까? 나는 굴하지 않았다. 누구나 다 아는 얘기가 왜 중요하고 왜 현장에서 지켜져야 하는지 나처럼 디테일하게 관찰하고 글로 쓰는 사람이 없었기에 글 쓰는 일을 멈추지 않았다. 그러다 보니 노하우가 축적되고 칼럼 기고 요청이 오고 책을 내게 되었다."

이렇게 말한 이는 외식 컨설턴트인 현성운 작가입니다. 첫 책 《왜 유독 그 가게만 잘될까》를 내고 독자에게 큰 사랑을 받았는데 그 1등 공신이 블로그라고 증언합니다.

"블로그에 글 쓰는 게 취미다 보니, 본문을 쓰는 것 역시 크게 어렵지 않았다. 생각이 안 나는 부분은 예전에 내가 적어 놓은 글을 찾아보면 되었고, 그때 당시의 감정이 생생하게 기록되어 있는 것도 초고를 빠르게 완성하는 데에 큰 도움이 되었다. (실제로 몇몇 표현은 그대로 블로그에서 가져왔다.)"

《여보, 우리 1년만 쉴까?》를 낸 문평온 작가가 밝힌 '블로그로 책쓰기' 경험담입니다. 저도 2004년, 2006년부터 '돈이 되는 글쓰기'라는 이름의 블로그와 '송숙희의 빵굽는 타자기'라는 이름의 인터넷 카페를 운영하고 있습니다. 블로그에서는 돈이 되는 글을 쓰거나 쓰게 하는 사람으로서 읽고 생각하고 쓰는 모습을 담아냅니다. 인터넷 카페에서는 주제에 관해 보다 전문적이고 실질적인 내용을 다룹니다.

두 채널은 서로 링크를 주고받으며 연결돼 있습니다. 두 채널에 올리는 포스트들은 페이스북에도 공유합니다. 이 두 곳에 모두 혹은 번갈아 가며 거의 매일 글을 써 올립니다. 이 글들은 새 책을 기획할 때와 책을 쓸 때 매우 요긴하게 사용됩니다. 어느 날에 써 올린 글은 수정만 약간 해서 책에 한 꼭지로 들어가기도 합니다. 이러한 사례들이 이야기하는 바는 SNS를 할 수 있다면 책쓰기는 문제도 아니라는 것입니다. 그러면 SNS에 어떤 글을 올려야 책이 될 수 있을까요? 결론은 일상에서 일생까지 어떤 내용도 책이 될 수 있다는 것입니다. 여기에 조건이 딱 하나 붙습니다.

'독자가 공감하고 공유할 만한 가치를 지닌 내용.'

집 안 구석구석 매일 반짝거리게 청소하는 재주만 있어도, 아이들 입에 맞는 밑반찬을 맛있게 만들 수 있어도, 동네 서점을 열어 책을 파는 일도, 우울증을 겪은 경험도, 30년 묵은 살을 뺀 경험도 다 책이 될 수 있습니다. 서점이나 도서관에 가서 한 시간만 책을 둘러보면 이 말이 거짓이 아님을 알 수 있습니다.

남은 안 해 본 경험, 남은 못하는 것을 해내는 재주, 누군가의 골치 아픈 일을 척척 해결하는 방법을 소개하는 내용도 책이 됩니다. 남이 쓴 것을 모으고 엮고 소개해도 SNS 내용이 되고 책이 됩니다.

《시시한 사람이면 어때서》를 펴낸 유정아 작가는 SNS에 쓸 수 있고 SNS에 쓸 수 있었기에 책으로 나올 수 있었다고 고백합니다.

"나는 국문학 전공자도 아니고, 기술적인 글쓰기에 대해 ABC를 책처럼 알려드릴 수 있는 사람은 더더욱 아니다. 하지만 무엇을 쓸 것인가, 내가 어떻게 생각하는가, 나는 무엇을 어떻게 봤는가. 그걸 잡아내어 첫 문장만 써도 반은 성공이라는 것 정도는 안다."

그런가 하면 SNS를 활발히 운영하고 글도 줄곧 써 올리는데도 책은커녕 주목조차 못 받는 이가 많습니다. '좋아요'를 많이 받는데도 출판사로부터 책 내자는 제안 한 번 못 받는 이도 많습니다. 이런 경우는 대부분 읽는 사람은 아랑곳하지 않고 자기 생각만 들입다 쏟아 냈기 때문입니다. 남의 글을 퍼 나르고 짜깁기할 뿐 자신의 목소리로 올린 콘텐츠가 없는 경우도 결과는 같습니다. 요지는 SNS를 열심히 했는지보다 방향성이 어떤지가 책이 되거나 책 잡히거나 한다는 것입니다.

프로페셔널 에세이는 책을 내고 나면 커리어의 가치가 전에 비해 대폭 상승하고 비즈니스 기회가 저절로 따라붙는 등 사업과 경력에 아주 큰 효과를 봅니다. 그런 만큼 쓰기도 쉽지 않습니다. 필력도 기본으로 갖춰야 합니다. 무엇보다 프로페셔널 에세이는 독자에게 끌어내고 싶은 반응을 명료하게 규정해 그러한 의도가 반영된 책쓰기를 해야 합니다. 그래야 독자가 찾아듭니다. 독자가 찾아들면 출판사의 러브 콜도 찾아옵니다. 이 어려운 일이 평소 SNS에 글을 써 올리는 것으로 가능합니다. 쓰고 올리고 반응을 보고 고치고 새로 쓰고…. 이러한 과정을 무한 반복하면 '좋아요'가 늘고 구독자가 늘고 글솜씨가 늘고 출판사의 발길도 늡니다.

: 책쓰기 수고를 90퍼센트 덜어 주는 블로그 특장점

특강을 마치고 자리를 떠나려는데 누군가가 출판사 편집자라며 명함을 내밀고 인사했습니다. 유료로 진행한 저의 특강을 들으며 저의 내공을 들여다봤겠지요. 이미 저의 블로그며 인터넷 카페는 물론 그간 써 온 책들, 인터넷에 돌아다니는 책에 대한 반응들을 일일이 살피고 저에 대한 평가를 마친 후였습니다. 제게 청탁할 책의 아이디어에 대해 회사 차원에서도 합의를 마쳤다고 했습니다. 결국 이 출판사와 새 책을 내기로 계약했고 꽤 두둑한 선인세를 받았습니다. 편집자와 제가 초면인데도 출간 계약 건이 빠르고 순조롭게 진행된 것은 순전히 제가 구축한 백 채널 덕분입니다.

초고를 쓰면 책쓰기가 80퍼센트는 완성된 것이나 다름없습니다. 대신 초고를 쓰기까지 참으로 많은 준비가 필요합니다. 책으로 쓸 아이디어를 기획하고 그에 맞춰 자료를 수집하고 정리해 보관하는 일도 해야 하고…. 하루이틀 만에 마칠 준비가 아닙니다. 준비를 위한 준비는 맹목적이라 지치기에 십상입니다. 또 이러는 동안에는 수많은 회의와 두려움에 공격당하기 일쑤입니다.

'이렇게 쓰면 책이 될까? 내 책을 내 줄 출판사가 있을까? 내용이 이상하다고 욕먹지는 않을까?'

이런 생각에 초고를 쓰는 동안에는 거의 녹초가 됩니다. 그런데 이러한 과정을 생략하도록 돕는 것이 있습니다. SNS 활동입니다. 책쓰기를 염두에 두고 SNS를 운영하면 책쓰기 프로젝트가 한결 수월합니다. 책에 들어갈 내용이나 사례나 아이디어가 담긴 글을 꼬박꼬박 SNS에 써 모으고 그것으로 SNS 이웃들과 소통하면서 반응을 체크하면 책쓰기의 지난한 여정을 즐거운 경험으로 만들 수 있습니다.

SNS로 책쓰기를 시도할 때 해결되는 보다 큰 문제는 노출에 대한 맷집을 기를 수 있다는 것입니다. 책쓰기 코칭 과정에서 만난 분들 가운데 글이 노출되는 것에 대한 두려움에 시달리는 분이 의외로 많습니다. 내가 만든 SNS에서 주인장으로 내 글을 쓰다 보면 이러한 두려움이 점점 줄어들다 사라집니다. 그러다 이웃들의 공감이라도 받으면 노출에 대한 두려움은 더 잘 쓰고 싶고 더 많은 이에게 읽히고 싶다는 바람으로 바뀌게 됩니다.

SNS로 책쓰기 시도하기의 장점을 늘어놓으려면 신호등에서 파란불이 꺼질 때까지 해도 부족합니다. 그만큼 장점이 많은 방법인데요. 그 가운데 몇 가지를 골랐습니다.

① 책 주제를 저절로 모니터링합니다.

모든 아이디어가 책으로 만들어지지는 않습니다. 책이 될 만한 아이디어는 사이즈가 다릅니다. 내가 정한 주제를 SNS에 쓰다 보면 책 한 권 분량으로 쓸 만한 아이디어인지, 내가 감당할 만한지를 헤아릴 수 있습니다. 그 아이디어에 대한 쓰고 싶은 욕구도 가늠됩니다. SNS에 쓰면 쓸수록 더 쓰고 싶은지 몇 번 썼더니 싫증이 나고 내용이 고갈되는지 알 수 있으니까요.

② 아이디어의 방향을 점검할 수 있습니다.

워드 파일을 열어 원고를 쓰면 독자의 반응을 알 길이 없습니다. 원고를 다 쓴 다음 피드백 받으려 들면 기부터 죽습니다. 하지만 SNS에 먼저 쓰면 댓글이나 '좋아요' 그 자체가 내용을 읽은 이들의 반응이라 볼 수 있습니다.

③ 자료가 자동으로 모입니다.

하루에 한두 번씩 부지런 떨며 SNS에 글을 쓰다 보면 다양한 이야기가 수집됩니다. 수집한 자료를 글 속에 소개하다 보면 자료가 저절로 모입니다.

④ 아이디어를 키워 갑니다.

막 생성된 아이디어는 풋내만 납니다. 그래서 아이디어를 키우는 과정이 중요한데요. SNS에서 글을 쓰면 아이디어의 추이가 저절로 기록됩니다. 이러한 과정에서 아이디어를 키우게 됩니다.

⑤ 쓰다 보면 감각과 안목이 길러집니다.

글은 쓰다 보면 잘 쓰게 됩니다. 매일 한 편의 글을 완성하는 경험을 쌓다 보면 점점 노련해집니다. 경험에서 감각이 싹트고 안목이 길러집니다. 매일 SNS에 쓸 수 있다면 글 선생에게 배우지 않아도 글을 잘 쓰게 됩니다.

⑥ 독자와 깊은 유대가 쌓입니다.

언제든 그곳에 매일 글을 써 올리는 모습은 독자에게 무한한 신뢰를 줍니다. 그럼 매일 찾아와 글을 읽어 주는 독자와는 친구 같은 유대감이 생기겠지요. 디지털 시대에 작가에게 요구되는 전문성 가운데는 이 같은 신뢰와 유대감도 포함됩니다. 이 어려운 일을 매일 SNS 하기가 합니다.

⑦ 자신감이 충전됩니다.

SNS는 나만의 미디어라 다른 이의 눈치를 보지 않아도 됩니다. 시작만 하면 매일 글을 쓰는 만큼 자신감도 쌓입니다. 내 글을 자꾸자꾸 노출하다 보면 어느 날 알게 됩니다. 아무도 봐주지 않는 것이 얼마나 고문인지를 말입니다. SNS 하기는 세상에 자신을 공개하는 작가로서 감당해야 할 노출에 대한 부담을 줄이는 가장 빠른 길입니다.

책을 후딱 쓰는 사람들이 **매일 하는 두 가지**

: 매일 조금씩 쌓아 가는 SNS와 저널 쓰기

저는 책쓰기 코칭을 십수 년 해 오며 '어떻게 예비 작가가 더 쉽게 더 멋지게 책을 쓰도록 도울까'를 강박적으로 강구했습니다. 그리고 교수법, 학습법, 코칭 기술, 뇌 과학, 심리학, 마케팅, 딥 러닝 등 많은 분야에 걸쳐 효과가 입증된 방법들을 동원해 활용하고 있습니다.

이 가운데 '매일 저널 쓰기'는 제가 개발해 운용하는 방법으로, 지금껏 책쓰기에 가장 효과적인 방법이며 책이 되는 가장 빠른 경로를 제공합니다. 매일 저널 쓰기는 '이런 책을 쓰고 싶다'고 아이디어를 정한 후 그 아이디어에 대한 글을 매일 쓰면 됩니다. 여기에서 저널은 '일기, 고쳐쓰기 전의 글'이며 '아이디어에 대한 작가의 처음 생각들'이라는 의미로 사용합니다. 매일 저널 쓰기는 3개월 프로그램으로 아이디어가 분명할 경우 이에 대한 글을 3개월 동안 집중적으로 쓰다 보면 어느새 초고가 만들어지는 신비를 경험하게 됩니다. 책이 되는 매일 저널 쓰기는 이렇게 합니다.

① 내면에 저장된 혹은 감춰진 것들을 끄집어냅니다.

경험의 단편, 이야기, 생각, 에피소드, 철학, 가치관까지 매일 쓰다 보면 다 끌려 나오게 돼 있습니다. 이렇게 바깥으로 나온 내면의 것들은 내 책을 쓸 아이디어를 만드는 데 결정적인 요소를 제공합니다. 떠올려 보세요. 책 쓴다면서 그 내용을 한 번이라도 구체적으로 생각해 본 적 있나요?

② 아이디어를 명료하게 만듭니다.

내가 쓰려는 것을 자꾸 생각하고 자꾸 표현해야 아이디어가 명료해집니다. 그래야 내 책의 핵심 내용을 말할 수 있고 설명할 수 있고 독자와 출판사를 설득할 수 있습니다. 이런 과정을 거쳐야 비로소 내 콘텐츠를 만들 수 있습니다. 그리고 첫 책뿐 아니라 두 번째, 여섯 번째…. 책을 계속 쓰는 역량을 기를 수 있습니다.

③ 아이디어를 내 것으로 만듭니다.

같은 아이디어로 나온 책이 수십 권입니다. 그런데도 어떤 이는 책에, 강의에, 코칭에, 자문 비즈니스까지 하는가 하면 어떤 이는 그 주제로 책을 쓰고도 묻혀 버립니다. 이유는 딱 하나, 아이디어를 내 것으로 만들지 못하기 때문입니다. 아이디어를 내 것으로 만들고 내면화하는 데는 축적할 시간이 필요합니다. 이 시간 동안 숙성되고 발효되면서 내 것이 돼 갑니다. 이 과정을 거치면 처음에는 뻔하고 흔했던 아이디어가 당신만이 가능한 콘셉트로 만들어집니다.

④ 차고 넘치게 글감을 수집합니다.

매일 저널로 쓴 내용은 책을 쓸 때 어떤 식으로든 반영됩니다. 경우에 따라 전부 혹은 일부 혹은 아이디어만이라도요. 초보 저자가 모아 놓은 글감도 없이 한달음에 초고를 쓰기란 불가능합니다. 글감은 가끔 조립돼 한 편의 책 원고로 탄생하기도 합니다. 매일 주기적으로 저널을 쓰면 책을 쓸 때는 불가능한 글감 수집을 할 수 있습니다.

⑤ 매일 1,500자씩 씁니다.

책으로 쓸 아이디어를 정하고 아이디어의 논리 요소인 '무엇을, 왜, 어떻게'로 카테고리를 나눠 매일 저널(글)을 씁니다. 1,500자 내외의 분량으로 '서론, 본론, 결론' 구조로 씁니다. 한 번에 하나의 주제에 대해서만 쓰고 내용을 식별하도록 제목을 붙입니다. 아이디어를 개발하는 단계라면 전문가에게 피드백 받아 방향을 제대로 잡아 가는 것이 무엇보다 중요합니다.

⑥ SNS로 모니터링합니다.

인터넷 카페나 블로그 등 글쓰기 플랫폼에 저널을 쓰면 오가는 이용자들의 피드백을 받을 수 있어 진득하게 쓸 수 있습니다. 다만 불특정 다수가 읽는 만큼 여러 차례 고쳐쓰기를 하고 완성도를 높인 다음 공개하는 것이 좋습니다. 매일 저널을 써서 SNS에도 공유하다 보면 출판사에게 당신의 글들을 책으로 내자는 러브 콜을 받게 될지도 모릅니다.

⑦ 90일 동안 쓴 저널은 자료집으로 만듭니다.

매일 쓴 저널을 컴퓨터 드라이브나 인터넷 게시판에 남겨 두기보다 눈에 보이게 자료화하면 책쓰기에 훨씬 유용합니다. 바인더를 마련해 그동안 쓴 저널을 인쇄해서 묶으면 자료집 한 권이 탄생합니다. 자료를 눈에 보이게 정리함으로써 본격적으로 집필할 때 요긴하게 활용할 수 있습니다.

책쓰기는 누구의 도움을 받든 작가 자신이 주도적으로 해야 합니다. 대단한 역량을 자랑하는 책쓰기 코치에게 개별 지도를 받더라도 내가 쓸 수 있는 책은 내가 가진 책의 아이디어만큼이며 내가 구현하는 필력의 수준만큼입니다. 이 말은 책쓰기는 예비 작가 자신이 주도적으로 해야 하며 사람 책 선생은 거들 뿐이라는 뜻입니다. 그리고 비싼 책쓰기 수업 듣지 않고도 책을 쓸 수 있다는 것입니다. 매일 저널 쓰기가 당신 혼자서도 얼마든지 책을 쓰도록 돕습니다.

제4장

책 선생 따라 하기

쉽고 빠르고 근사하게 시작하기

“

‘경영학의 구루’라고 칭송받는 피터 드러커는
평생에 걸쳐 글을 쓰는 것으로 자기계발을 했다고 토로하면서
자기계발법의 종결식으로 글쓰기를, 글쓰기 방법의 종결식으로 책쓰기를 권했다.
그의 충고를 귀담아듣고 실행한 자들이 바로
짐 콜린스, 톰 피터스 같은 세계적인 베스트셀러 저자들이다.

블로그 <송숙희의 빵굽는 타자기>

”

책쓰기 8부 능선,
한달음에 초고 쓰기

: 당신은 숟가락만 얹으면 된다

기승전 '책쓰기'.

많은 분이 저를 놀릴 때 쓰는 표현입니다. 그렇습니다. 제가 하는 강연과 교육과 코칭과 컨설팅에서 저는 결국 "책을 쓰세요"로 마무리합니다. 누군가 나를 찾게 만들려면 책을 써야 한다고 입만 열면 강조하고 또 강조합니다.

"책을 썼기 때문에 강연 가면 할 말이 있고, 책을 읽고 감동받은 사람들이 실제 목소리를 들어 보고 싶은 거잖아요. 제가 배우처럼 잘생긴 것도 아니고 코미디언처럼 말발이 좋지도 않죠. '사람들이 왜 나를 찾을까?'를 생각해 보면 '책 내용이 궁금해서' 같아요."

세계 문화 전문가 조승연 작가의 증언입니다. 책을 쓰면 책 내용이 궁금해서 사람들이 자꾸 찾거든요. 그러니 책을 써야 합니다. 아니 책부터 써야 합니다. 제 블로그(www.돈이되는글쓰기.com)에는 책 한 번 써 보고 싶어 하는 분들이 매일 새벽 찾아옵니다.

부평에서 식당을 하는 윤 사장님, 세종시에서 공인중개사 사무실을 운영하는 박 사장님, 정년퇴직을 앞두고 그간의 경험을 책으로 공유하겠다고 벼르는 김 교수님, 오지에서 아이들을 가르치는 최 선생님, 아이들이 줄어서 유치원 경영이 어려워 직업을 바꾸고 싶다는 강 원장님, 1인 기업가를 위한 회계 전문가로 어필하고 싶다는 차 회계사님, 30대 후반에 임원이 됐으나 하루도 더 못 다니겠어서 퇴사와 홀로서기를 동시에 준비 중인 김 전무님, 메이저 신문사에서 민완 기자로 이름을 떨쳤지만 내 글을 쓰고 싶어 작가로 전향한 노 기자님, 어쩌다 경단맘이 됐지만 복직이 아니라 프리랜서로 살고 싶은 지우 엄마, 박사 학위가 빛나지만 써먹을 데가 없어 고민인 송 박사님, 온 가족이 여행 마니아인 윤정 씨, 나만의 콘텐츠가 없어 강사료를 많이 못 받아 한이 된 황 강사님….

어쩌면 이 책을 읽는 당신도 이분들처럼 고민하는 사람일 겁니다. 걱정 마세요. 책쓰기가 생전 처음인, 글쓰기도 초보인, 책 한번 내고 싶다는 꿈 하나 간직한 초수인 당신에게 쉽고 빠르고 근사하게 3개월 만에 원고 쓰기를 안내하겠습니다.

객석에 불이 들어오고 관객들이 서둘러 자리를 뜨는데도 저는 화면에 흐르는 엔딩 크레디트에서 눈을 못 뗍니다. 영화를 만든 그 많은 이름에 아주 잠시라도 시선을 보탭니다. 영화를 좋아하는 저의 의례입니다.

어떤 책을 손에 잡으면 표지를 훑고 바로 판권을 살핍니다. 영화로 치면 엔딩 크레디트라 할 만한 거기, 판권 면에 실린 그 책을 만든 많은 이름에 아주 잠시 눈길을 보냅니다. 책을 좋아하는 저만의 의례입니다.

판권을 보면 책 한 권이 만들어지기까지 얼마나 많은 사람이 관계하는지 알 수 있습니다. 원고를 쓴 작가와 책 만들기에 필요한 모든 과정을 함께하고 책임지는 편집자, 책 내용을 전달하는 최적의 지면을 만드는 디자이너, 팩트를 체크하고 오탈자와 이상한 문장과 요상한 내용을 귀신같이 잡아내는 교정자, 종이와 인쇄, 제

SNS부터 보고서까지 이 공식 하나면 끝
150년 하버드 글쓰기 비법

ⓒ 송숙희

인쇄일 2018년 10월 29일
발행일 2018년 11월 5일

지은이 송숙희
펴낸이 유○○ 노○○
기획마케팅 우○○ 금○○ 남○○
기획편집 이○○ 박○○ 윤○○
책임편집 이○○
디자인 남○○

용지 △△사
출력 △△사
인쇄 △△사
제본 △△사
후가공 △△사

ISBN 979-11-89279-21-9 (03190)
값 14,500원

• — 이 도서의 국립중앙도서관 출판예정도서목록(CIP)은 서지정보유통지원시스템 홈페이지(http://seoji.nl.go.kr)와 국가자료공동목록시스템(http://www.nl.go.kr/kolisnet)에서 이용하실 수 있습니다.(CIP제어번호: CIP2018033338)

본으로 책의 상품성을 책임지는 제작 담당자, 인쇄돼 나온 책을 서점으로 유통하고 프로모션하는 영업자와 마케터, 이 모든 일을 총괄하는 출판사 대표, 그리고 이 사람들이 맡은 업무에 최선을 다하도록 지원을 아끼지 않는 분들까지. 판권에 실린 그 이름들에서 책 한 권이 독자의 손에 들어오기까지 안팎에서 함께 작업한 이들의 노고를 확인합니다.

작가가 원고를 써서 출판사에 보내면 그때부터 출판사에서는 담당 편집자를 중심으로 여러 단계에 걸쳐 해당 분야 전문가들이 협업합니다. 편집에서 디자인, 제작에 유통, 홍보 마케팅까지 각 부문 전문가들이 잘 읽히고 잘 팔리는 책을 만들기 위해, 그러니까 원고를 쓴 작가인 나를 위해 팔 걷어붙여 헌신합니다. 독자의 손에 당신의 책이 들어가기까지 당신이 할 일은 이 사람들이 신명나게 작업하도록 원고를 쓰는 일뿐입니다. 좀 과장하면 작가인 당신은 숟가락 하나 얹을 뿐인 것입니다.

작가는 원고를 쓸 뿐입니다. 출판사에 원고를 보내 놓으면 그다음에는 출판사가 다 알아서 합니다. 혹시 있을지 모를 원고상의 잘못과 실수를 사전에 바로잡는 일은 기본입니다. 내용을 최상의 형태로 독자에게 전달하기 위해 교정과 교열을 보고 점검하고 모니터하는 일도 출판사에서 다 합니다.

심지어 책 한 권당 드는 직간접 비용 2,500만원에서 작가인 당신은 1원도 내지 않습니다. 책을 제작하고 서점에 유통하고 책의 존재를 알리기 위해 북 트레일러를 만들고 카드 뉴스를 뿌리며 마케팅하고 홍보하고 독자와 소통하기까지도 출판사가 주도적으로 합니다. 여기에 드는 비용도 물론 1원 한 푼까지 출판사가 부담합니다.

당신은 원고를 썼을 뿐이지만 그 원고로 출판사에서 책을 만들어 유통하면 서점에서는 오가는 독자의 눈에 잘 띄게 책을 진열해 줍니다. 이뿐인가요? 독자도 작가인 나와 한편입니다. 책을 사서 읽고 나를 대신해 SNS에, 유튜브에 책을 소개해 줍니다. 소개 글을 읽은 독자의 지인들이 또 책을 사서 읽고 또 자신의 SNS에 홍보합니다.

이다음에는 책을 보고 작가인 나의 가능성을 발견한 다른 출판사에서 책 한번 같이 내자고 제안합니다. 책을 보고 기업과 공공기관에서 강연과 워크숍을 의뢰합니다. 네이버나 구글 같은 검색엔진에서는 따로 부탁하지 않아도 내가 책을 낸 작가로 검색되도록 해 놓습니다.

내가 쓴 원고가 출판사라는 파트너를 만나면 이렇듯 근사한 일이 연쇄로 일어납니다. 여느 아이돌 못지않게 내가 꽤 멋진 작가로, 해당 분야 전문가로 포장되고 노출됩니다. 이 모든 작업의 시작은 내가 쓴 원고입니다. 그래요, 당신은 원고만 쓰면 됩니다.

: 빵 굽기보다 백배는 더 쉬운 책쓰기

"당신은 원고만 쓰면 됩니다."

참 듣기 좋은 말이지요? 이 말을 듣고 이런저런 볼멘소리를 할 당신의 모습이 선합니다. 이해합니다. 한 번도 해 보지 않은 일, 가 보지 않은 길 앞에서는 누구나 잔뜩 겁먹기 마련이니까요. 당신의 이해를 돕기 위해 프로 작가들의 이야기를 먼저 하겠습니다.

책쓰기가 업(業)인 프로 작가들은 키보드를 두드리기가 무섭게 멋진 문장을 쏟아 낸다고 생각하나요? 멋진 문장이 저절로 머릿속에서 만들어지고 그것을 파일에 부려 놓기만 하면 글 한 편이 뚝딱 만들어진다고 알고 있나요? 그렇게 에이포지 70장을 채우면 책 한 권 분량의 원고가 어느새 만들어진다고 보나요? 그래서 이러한 재능이 없으면 책을 쓸 수 없고 작가가 될 수 없다고 생각하나요?

실상은 전혀 다릅니다. 어떤 작가도 누에고치처럼 술술술 실을 풀어 원고를 만들어 내지 않습니다. 어떤 작가도 처음부터 말쑥한 글을 쓰는 것이 아닙니다. 어떤 작가도 맨 처음에는 자기도 못 알아볼 형편없는 글을 씁니다. 자기가 봐도 한심하고 조잡하기 그지없는 글을 씁니다. 심지어 노벨 문학상 수상자인 헤밍웨이마저 자기가 처음 쓴 글을 '쓰레기'라고 했습니다.

글쓰기로 먹고사는 이들은 하나같이 말합니다. 처음 쓴 글은 쓰레기라고 말입니다. 그렇다고 쓰레기처럼 형편없는 글이 그대로 책이 된다는 말이 아닙니다. 책에 담아내려는 생각을 쓰레기나 다름없을 형편없는 글로라도 일단 끄집어 내놓으면 고쳐쓰기로 다듬고 윤내고 광내고 포장하는 과정을 거쳐 책으로 만들어진다는 이야기입니다. 글쓰기는 원래 고쳐 쓰는 것이거든요. 고쳐쓰기만 하면 아무리 형편없는 글도 말쑥한 글로, 잘 읽히는 글로 만들어낼 수 있거든요. 이것이 글쓰기의 최고 장점입니다. 책쓰기는 이러한 글쓰기의 장점을 바탕으로 하는 작업입니다.

이런 맥락에서 책쓰기는 빵 만드는 일보다 백배는 수월합니다. 빵을 제대로 굽는 일은 꽤 수고스럽다고 합니다. 반죽 숙성 시간을 넘겨도 안 되고 같은 반죽이라도 빵 모양을 잡을 때 공기를 과하게 빼면 기대하는 맛을 내기가 어렵고 또 오븐에 넣는 타이밍을 놓쳐도 안 되고 무엇보다 빵은 다 구워지는 동안 다시 꺼내 볼 수도 없습니다.

그런데 글쓰기는 아무리 이상한 내용과 표현도 고쳐쓰기로 얼마든지 바로잡을 수 있습니다. '글쓰기는 고쳐쓰기'라는 말이 있듯 하도 허접해서 쓰레기라고 불림직한 초고도 일단 써 놓기만 하면 언제든 얼마든지 고쳐쓰기로 좋아집니다. 고쳐 쓰면 쓸수록 점점 더 완성도가 높아집니다. 그래서 책쓰기가 빵 굽기보다 수월하다고 저는 자주 강조합니다.

초고를 써 놓으면 책쓰기의 골인 지점이 눈에 보입니다. 초고를 썼다는 것은 고쳐쓰기해 완성할 기회를 얻었다는 뜻이고 이미 작가가 되는 길에 들어섰다는 뜻이며 책쓰기라는 그 어려운 여정의 8부 능선을 넘었다는 뜻입니다.

게다가 초고는 생각을 쏟아 내는 수준으로 조잡하고 조악하고 엉성하고 말이 안 되는, 한마디로 쓰레기 같은 수준이어도 아무 상관이 없습니다. 의도한 대로 생각을 엮어 내기만 하면 됩니다. 초고는 그야말로 썼다는 데 의의가 있습니다. 거듭 강조하지만 당신이 책을 내고 작가가 되기 위해 당신이 해야 할 일의 대부분은 허접한 초고를 쓰는 것입니다. 정리하면 이렇습니다. 당신이 책을 내고 작가가 돼서 책테크로 성공하려면 초고를 쓰면 됩니다. 쓰레기부터 쓰면 됩니다.

박항서 감독보다 유능한 **'책 선생'을 소개합니다**

: 아낌없이, 게다가 무료로 책쓰기를 돕는 '책 선생'

"쓰레기 같아도 좋으니 초고부터 쓰세요."

이런 조언도 초고를 써 본 사람에게나 통하는 법입니다. 책테크로 인생이 송두리째 뒤집히는 경험을 하고 싶어도 초보 운전자가 초행길을 겁내듯 선뜻 나서기가 쉽지 않을 것입니다. 당신도 박항서 감독 같은 책쓰기 감독이 있으면 좋겠다고 생각할지 모르겠습니다. 박항서 감독에게 훈련받는 베트남 축구 국가 대표 선수들처럼 당신의 책쓰기도 그런 이에게 도움받으면 한결 쉬울 테니까요.

그러면 당신도 제가 소개하는 박항서 감독보다 유능한 책선생을 만나 보시겠어요? 제가 소개하는 책 선생은 책을 낸 모든 작가의 선생님이기도 합니다. 물론 저도 이 책 선생의 도움으로 작가가 됐습니다.

이 책 선생은 예비 작가가 필요로 하는 어떤 도움이든 아낌없이 줍니다. 책쓰기 아이디어가 필요하다면 아이디어를, 책 내용을 어떻게 구성해야 좋을지 막막하다면 그 방법을, 책이 되는 글은 어떻게 쓰는지 알고 싶다면 그 비법까지 아낌없이 제공합니다.

이 책 선생이 예비 작가에게 주는 도움은 한계가 없지만 스스로 생각하고 스스로 책을 쓰게끔 한다는 점에서 특히 탁월합니다. 게다가 이 책 선생을 만나면 돈 한 푼 들이지 않고 책쓰기에 도움을 받을 수 있습니다. 이 선생을 어디서 만나느냐고요? 서점이나 도서관에 가면 됩니다. 혹은 이미 당신의 책꽂이에도 이 선생은 있습니다. 그래요. 이 선생은 '책'이라는 선생, '책 선생'입니다.

제가 책쓰기 프로듀서로, 코치로, 컨설턴트로 일해 온 지가 올해(2019년)로 17년째입니다. 예비 작가들이 책 쓰는 데 돕느라 이런저런 방법을 많이 모색했지만 그동안 변하지 않은 조언이 하나 있습니다. '책'이라는 선생님을 소개한 것입니다.

책쓰기 코치인 저에게도 책이 유일한 선생입니다. 저도 지금은 스무 권 넘는 책을 쓴 중견 작가입니다만 첫 책을 쓰던 무렵부터 지금껏 서점에서 도서관에서 서재에서 어디서든 만나는 한 권 한 권의 책을 흉내 내며 따라 하며 책을 써 왔습니다. 책마다 거기에 도입한 아이디어, 아이디어를 구현하는 방식, 내용을 담아내는 방법은 '책 선생'에게서 배웠습니다.

저는 이런 과정을 거치며 알았습니다. 책이 지금의 모습으로 우리 곁에 찾아온 그 오랜 시간 동안 작가들은 서점에서 도서관에서 책 선생을 커닝하며 따라 하며 책을 써냈다는 것을요. 그러므로 제가 쓰는 이 책도 누군가의 책 선생이 될 것입니다. 당신이 쓰고 서점에 도서관에 자리할 그 책도 또 누군가의 책 선생이 되겠지요.

: 책 선생이 원조 책쓰기 코치보다 좋은 이유

책쓰기 수업에서 가르치는 내용의 핵심은 아무래도 '이런 내용으로 책을 써야 한다'일 것입니다. 그러나 세상의 모든 성공작에 대한 담론은 결과론일 뿐입니다. 출판 시장에서도 마찬가지입니다. 독자와 출판 시장이 시시각각 변하는데 그때그때 이런 책을 써야 한다고 조언하기란 거의 불가능하지요. 설령 그러한 예측이 어느 정도 맞는다고 해도 그때부터 시작해 원고를 완성하고 책을 내기까지 적어도 1년 이상이 소요되는 만큼 예측대로 성공을 기대하기는 어렵습니다.

이런 난맥을 헤쳐 나가도록 저는 '책 선생'을 추천합니다. 세상이 어떻게 급변해도 어떤 유행이 갑자기 튀어나와도 서점에서 책 선생을 만나면 그때그때 필요한 조언을 얻을 수 있습니다. 서점에 진열된 책들은 그러한 어려움을 이겨 내고 생명을 얻었기 때문입니다.

도서관에 가면 보다 오랜 연륜을 자랑하는 책 선생도 만납니다. 오래돼 종이가 누렇게 바랜 책들을 살피다 보면 시간의 흐름에 상관없이 통하는 주제를 발견하게 되고 시간이 흘러 사라진 이야기, 시간의 흐름에 맞춰 변화한 이야기도 볼 수 있습니다.

그래서 책쓰기 수업을 시작하면 저는 수강생들에게 맨 먼저 '책 선생'을 선정하라고 합니다. 그리고 사람들에게 왜 그 책을 선생으로 정했는지 설명도 듣습니다. 후보로 고른 책이 선생 역할을 잘하려면 자신이 쓰려는 책과 방향이 맞는지 저자 역량은 비슷한지 내용을 소화할 만한지 검토하게끔 돕습니다. 책 선생에 비해 내 능력이 너무 뒤지면 따라 하기가 어려울 테니까요. 따라 하기 어려운 책을 선생으로 붙잡고 허우적대다가 좌절만 할 테니까요. 책 선생을 제대로 선정하면 책쓰기 토대 작업을 끝낸 것이나 다름없습니다. 책 선생을 따라 하면 되니까요.

: 책 내고 작가 된 사람들의 공통 방식

"밀턴과 멜빌, 플로베르, 디킨스와 셰익스피어를 키워 낸 것은 10할이 모방이다. 모방을 통해 다른 작가들에게 배우지 않는다면 당신은 작가로서 잠재력을 충분히 펼쳐 보일 수 없다."

이렇게 말한 사람은 베스트셀러 작가이자 대학에서 글쓰기를 가르치는 윌리엄 케인입니다. 그는 저서《위대한 작가는 어떻게 쓰는가》에서 "위대한 작가를 모방하여 당신의 글을 쓰라"라고 말했습니다. 거장의 글쓰기를 모방하면 거장이 사용한 창작 도구들을 완벽하게 내 것으로 만들 수 있고 그렇게만 되면 이러한 창작 도구를 몰랐을 때는 꿈도 꿀 수 없던 방식으로 글을 쓰게 된다고 장담합니다. 그러면서 현존하는 유명한 작가들이 받는 칭송 또한 세기의 거장들을 모방한 결과라고 알려 줍니다.

"미군 부대에서 유통되던 만화가 제 그림 선생님이었습니다. 만화를 보고 베껴 그리는 습작을 통해 그림 그리는 법을 익혔지요."

이원복 만화가의 고백입니다. 만화든 소설이든 논픽션이든 시나리오든 창작은 모방으로 시작합니다. 창작가들은 누구나 관찰하고 모방하고 따라 하며 그 업의 기본을 배웁니다.

이제 소개할 '책 선생 따라 하기'의 근간도 기성 작가의 책쓰기를 관찰하고 모방하기입니다. 시중에 나온 책들을 추적하고 분석하고 따라 하는 방식입니다. 쉽고 빠르고 근사하게 3개월 안에 초고를 쓰게 될 방법의 핵심입니다. '나도 이런 책을 쓰고 싶다'는 생각이 드는 책들을 선생님 삼아 그 요소요소를 내 책을 쓰는 데 응용하는 것이 책 선생 따라 하기입니다. 이쯤 이야기하면 꼭 질문을 받습니다.

"표절은 안 된다고 하지 않았나요?"

그렇습니다. 표절은 안 됩니다. 모방이 단순한 베끼기, 즉 표절이 아니듯 책 선생 따라 하기 역시 표절이 아니라 모방입니다. 책 선생 따라 하기는 모방을 토대로 내 것을 만들어 가는 창조적 모방을 말합니다. 형식이나 내용 그대로를 훔쳐 쓰는 게 아닙니다.

이를 표절이라고 하지요. 책의 패턴, 형식, 방식을 배우고 이해해 내 것을 창작할 때 참고하는 행위는 모방이라고 합니다. 책 선생 따라 하기의 최종 목적은 잘 쓰인 책들에서 책쓰기 방식을 배워 잘 읽히는 책을 쓰자는 데 있습니다.

누구든 반드시 성공하는
책 선생 따라 하기

: 책 선생 따라 하기 SUCCESS(석세스) 과정

자, 이제 책 선생 따라 하기로 당신의 책쓰기에 도전해 볼까요? 이 방법에는 책쓰기 전도사로서 많은 사람에게 책쓰기를 응원하고 지지하고 교육하고 지도하며 보내 온 저의 17년 경험을 고스란히 담아냈습니다.

책 선생 따라 하기는 책쓰기를 난생처음 해 보는, 글쓰기에도 서툰 초보를 위한 쉽고 빠르고 근사하게 책 쓰는 방법이자 프로그램입니다. 특히 책쓰기의 핵심 과정이자 대부분의 과정이라고 할 수 있는 원고 쓰기를 딱 3개월 만에 완수하도록 안내합니다. 책 선생 따라 하기 방법이면 생전 처음 책을 써 보는 순 초보도 프로처럼 책을 쓸 수 있습니다.

책 선생 따라 하기의 핵심은 책쓰기에 필요한 모든 작업을 구조화하도록 돕는 것입니다. 책 선생인 샘플 책을 선정하고 베껴 쓰고 바꿔서 내 책을 쓰는 데 필요한 구조를 만드는 일부터 돕습니다. 책 선생 따라 하기는 모방 기법을 토대로 '캐치, 카피, 체인지' 3단계로 이뤄집니다.

- Catch(캐치): 책쓰기 전 과정에서 도움받을 책을 고릅니다.
- Copy(카피): 표지, 목차, 서문 등을 베껴 쓰기 해서 책의 구조와 방식을 파악합니다.
- Change(체인지): 모아 둔 생각과 자료를 조립해 내용을 내 것으로 바꿉니다.

책 한 권이나 되는 분량의 정보를 체계적으로 구조화하는 과정은 초보 작가에게 언감생심입니다. 책 선생 따라 하기는 이 엄청난 과정을 건너뛰게 함과 동시에 샘플 책의 밑그림에 내 생각과 말을 채워 넣어 내 책의 구조를 완성하도록 돕습니다. 이 방식은 기성 작가와 베스트셀러 작가도 누구나 쓰는 방식입니다. 책쓰기

준비를 마친 상태에서 딱 한 계절, 3개월 만에 책의 원고를 다 쓰도록 가이드합니다.

책 선생 따라 하기의 '캐치, 카피, 체인지' 3단계는 7가지 세부 과정으로 구성됩니다. 세부 단계 하나하나의 과정에 이름을 붙이고 그 이니셜을 연결하면 'SUCCESS(석세스)', 성공이라는 단어가 만들어집니다. 누구든 원하는 책을 쓸 수 있다고 보장된 성공 방법론이라는 의미로 받아들이시면 좋겠습니다.

- **S**elect(셀렉트: 선택하다) – 나만의 '책' 선생, 샘플 책을 고릅니다.
  내 책의 샘플이 될 책을 고릅니다. 반드시 직접 골라야 합니다.
- **U**nderstand(언더스탠드: 이해하다) – 샘플 책을 통째로 파악합니다.
  샘플 책이 어떤 구조, 구성, 형식으로 만들어졌는지 세심하게 분석합니다.
- **C**opy(카피: 복사) – 샘플 책을 요소별로 간파합니다.
  표지, 목차, 서문, 본문 일부 등을 일일이 베껴 쓰기 하면서 형식, 스타일, 구성 요소, 표현 방식 등 세부적인 면면을 파악합니다.
- **C**hange(체인지: 바꾸다) – 내 책에 맞춰 바꿉니다.
  베껴 쓰기 한 것의 뼈대(형식)만 남기고 내용을 내 것으로 바꿉니다.

• Evaluate(이밸류에이트: 평가하다) – 내 책에 적합한지 평가와 점검을 하고 조율합니다.

바꿔 쓰기한 내용을 보며 내가 쓰려고 한 책을 담아내기에 적합한지 점검합니다. 이런 구조, 이런 형식을 내가 감당할 수 있겠는지도 살펴야 합니다.

• Set up draft file & Stuff(셋 업 드래프트 앤드 스터프: 초안 파일 설정) – 원고를 설정하고 내용을 채웁니다.

평가와 조율을 마친 책의 각 요소를 결합해 원고 형식을 만듭니다. 그 형식에 그동안 수집한 생각과 자료를 채워 넣으며 원고를 완성합니다.

• Sell mode(셀 모드: 판매 모드) – 출판사를 사로잡는 상품으로 변신합니다.

출판사가 내 원고를 책으로 출간해 주도록 출판사에서 맘에 들어 할 수준으로 원고를 다듬습니다.

: '사람 책 선생' 찬스는 언제 쓰면 좋을까?

경제학자인 크리스토퍼와 롭은 다이어트에 성공한 경험을 책으로 냈습니다. 《경제학자의 다이어트》에는 건강한 몸매를 가진 사람들의 행동을 분석해 '여섯 가지 핵심 습관'이라고 이름 붙이고 실천한 다음 그 내용을 책에 공유했습니다. 이 책의 말미에 이런 대목이 있습니다.

"책을 쓰는 일은 처음부터 끝까지 수많은 사람에게 도움과 지도를 받는 과정이다. 다른 사람들의 생각과 아이디어, 비평이 없었다면 우리의 프로젝트가 이렇게 멀리 올 수 없었을 것이다."

생전 처음 해 보는 책쓰기. 책 선생을 따라 하며 초고를 쓰는 당신은 아무래도 좀 초조할 것입니다. 그 어려운 길을 혼자 가는 데 도움이 필요 없을 리 없습니다. 하지만 우리나라에서는 책을 쓰고 그 경험을 의미 있는 조언으로 제공하는 문화가 아직은 일천합니다. '내가 책을 쓰는 중인데, 원고 좀 봐줄래?'라며 내미는 일도 드물고 이런 요청에 원고를 세심하게 읽고 발전적인 피드백으로 훨씬 좋은 책을 내게끔 도울 능력을 갖춘 이도 드뭅니다.

따라서 우리는 주위 사람들에게 도움을 청하기보다는 책쓰기를 전문적으로 코칭하는 이에게 피드백을 요청해야 합니다. 글쓰기에 서툰 초보 작가는 자신의 글과 책으로 쓴 내용을 객관적으로 살펴볼 감각과 안목이 없기 때문에 한 번쯤은 '책쓰기 코치 찬스'

를 쓰는 것이 좋습니다.

책쓰기를 전문적으로 지도하는 '사람 책 선생'에게 도움을 청할 때는 초고를 쓴 다음이나 최소한 30퍼센트가량은 썼을 때가 적기입니다. 결과물이 있어야 그에 맞춤한 피드백을 받을 수 있고 초고를 써 봐야 구체적으로 도움받을 수 있기 때문입니다.

만일 특정 분야에 대한 전문성을 바탕으로 독자의 문제를 해결하는 방법을 책으로 쓴다면 기획 단계부터 이 방면의 전문가인 책쓰기 코치의 도움을 받는 것이 좋습니다. 또한 커리어와 비즈니스에 직접적인 영향을 미치고 싶어서 책을 쓴다면 아이디어를 만드는 단계부터 도움을 받아야 목적을 달성할 수 있습니다. 초고를 쓴 다음에는 모니터링을 거쳐 아이디어 자체를 바꾸기가 거의 불가능하기 때문입니다.

책쓰기 코치 찬스를 이용할 때는 도움받고 싶은 부문에 역량을 가진 이를 찾아 도움을 청해야 합니다. 그래야 시장에서 성공하는 상품 가치가 높은 책을 쓸 수 있습니다.

① 방향성을 점검하기 위해

• 내가 의도한 대로 기획됐는지 궁금할 때

- 기획한 대로 쓰고 있는지 점검받고 싶을 때
- 책으로 쓰려는 주장이 논리적으로 타당한지 점검받고 싶을 때
- 메시지가 일리 있고 조리 있게 전개되는지 알고 싶을 때
- 아이디어가 매혹적인지 모니터링하고 싶을 때

② 집필을 점검하기 위해

- 이렇게 계속 쓰면 되는지 궁금할 때
- 의도, 아이디어, 타깃 독자에 맞게 쓰고 있는지 점검하고 싶을 때
- 아이디어에 맞게 초고를 쓰고 있는지 알고 싶을 때
- 초고를 쓰는데 흡족하지 않을 때
- 잘하고 있는지 궁금해서 진도가 나가지 않을 때
- 집필에 돌입하기 전 준비 사항을 점검받고 싶을 때

③ 초고 쓰기 생산성 향상을 위해

- 초고 쓰기 과정에서 겪는 곤란과 혼란을 해결하기 위해
- 초고 쓰기 생산성을 높일 방안이 필요할 때
- 쓰면서 궁금한 것, 헷갈리는 것이 많아 자꾸 막힐 때
- 작성한 원고가 읽기 쉽고 읽고 싶어지는지 점검하고 싶을 때
- 원고 서식, 형식에 대한 조언이 필요할 때
- 글쓰기가 힘겨워 그만두고 싶을 때

④ 출판사에 투고하기 전 마지막으로 점검하기 위해

- 출판사에 원고를 보내기 전 객관적인 피드백을 듣고 싶을 때
- 출판사의 입장에서 원고를 수정하고 싶을 때
- 출판사에 보내는 메일 쓰는 법을 알고 싶을 때
- 출판사가 좋아하는 방법으로 투고하고 싶을때

: 책 선생을 따라 한 경험자들의 증언

책 선생 따라 하기가 첫 책을 쓰겠다는 야심에 찬 예비 작가에게 정말로 도움이 되는지 경험자들의 증언을 통해 알아봅시다. 이 증언들은 송숙희책쓰기교실에서 책 선생 따라 하기 과제를 하고 나서 공유한 내용입니다. 첫 책을 쓰는 중압감에 미루기만 하고 시작하지 못하는 예비 작가들에게 큰 도움이 된다는 것을 확인하겠습니다.

"막막해서 두렵기까지 한 마음이 책 선생 따라 하기로 가벼워졌어요."

"막연한 생각뿐이고 무엇을 어떻게 시작할지도 깜깜했는데 책 선생 따라 하기로 눈에 보이고 손에 잡히는 구체적인 작업이 가능해졌습니다."

"그동안 생각만 하던 것을 아주 구체적으로 계획할 수 있게 됐습니다. 이제야말로 근거 있는 자신감을 갖게 됐네요."

"카피 앤드 체인지를 해 보니 어떤 샘플 책을 고르느냐가 제일 중요한 것 같습니다. 책을 선정하기 위해 여러 책을 보면서 아이디어들을 많이 건졌습니다."

"책을 열심히 보는 버릇이 생겼어요. 책을 열심히 보다 보니 잘만 하면 쓸 수 있겠다는 마음이 들었습니다."

"샘플 책을 카피하고 바꿔 쓰면서 책의 큰 틀을 이해하게 됐습니다. 그 전에는 책쓰기에 대한 막연한 불안에 주눅 들어 있었거든요."

"수업을 들을 때는 긴가민가했는데 샘플 책을 고르고 바꿔 쓰기 하면서 정말 쉽다는 생각이 들었습니다."

"샘플 책의 목차를 베껴 쓰기 하면서 '과연 이렇게 구성할 수 있을까' 하는 생각이 들었는데 내 생각으로 바꿔 쓰기 하는 순간 꼭 이렇게 하고 싶다는 열망이 강해졌습니다."

"당장 책을 쓸 정도로 준비하지 않아 막연했는데요. 책 선생 따라 하기를 하고 나니 무엇을 어떻게 준비해야 하는지 확연해졌습니다."

"카피 앤드 체인지를 하고 나니 책을 다 쓴 것 같은 느낌이 들었습니다. 책을 온전하게 이해하게 돼서 그런 것 같아요."

"이런저런 동기를 받아 책을 쓰겠다고 했으나 어디서부터 손을 대야 할지 몰랐습니다. 그런데 카피 앤드 체인지를 하고 나자 어느새 책을 쓰고 있었지요."

"책 선생을 정하고 카피 앤드 체인지 하는 것만으로 샘플 책처럼 쓰고 싶다는 생각이 더욱 강해졌습니다."

"'하면 된다, 열정을 가져라'라는 구호가 얼마나 무력한지 실감할 무렵 카피 앤드 체인지 실습을 했습니다. 해 보니 기성 작가들도 다 하는 방식이라는 설명이 이해됐습니다."

"꼭 콜럼버스의 달걀 같아요. 알고 나면 별것 아니지만 알기 전에는 책쓰기가 정말 힘들고 어려웠거든요."

"샘플 책 카피 앤드 체인지는 책을 쓴 작가의 눈으로 책을 읽게 만든다."

"카피 앤드 체인지 하다 보니 생각의 수준이 샘플 책 작가인 저명한 대학교수 수준으로 향상된 것 같습니다."

"독자를 사로잡는 제목, 카피를 어떻게 쓸지 카피 앤드 체인지로 감이 잡혔습니다."

"카피 앤드 체인지를 해 보지 않으면 '남의 것을 왜 따라 하냐'는 소리가 나오지만요. 해 보면 절대 그런 말 못 해요. 표절로는 턱도 없어요."

"카피 앤드 체인지! 정말 신통방통해요."

"카피 앤드 체인지를 통해 폭넓은 생각과 유창한 표현을 배웠습니다. 제 생각만으로 했다면 제 생각에 빠져 오래도록 허우적거렸을 것 같아요."

제5장

무라카미 하루키 따라 하기

3개월 안에 뚝딱 초고 쓰기

“

반드시 하루에 200자 원고지 20매를 쓴다.
좀 더 쓰고 싶더라도 20매에서 멈추고
뭔가 좀 안 된다 싶은 날도 어떻게든 노력해서 20매를 채운다.

무라카미 하루키

”

성공한 작가들은
책을 쓰지 않는다

:아이디어보다
원고가 중요하다

남편의 유업인 미슐랭 별 하나짜리 레스토랑을 경영하는 여자는 30년째 어떤 전화를 기다립니다. 해마다 그맘때면 올지 모를 '미슐랭 별을 추가한다'는 연락을 기다리느라 목이 빠집니다. 어느 날도 그 전화를 기다리며 30년째 따지 못한 샴페인을 준비해 뒀습니다. 그때 그녀를 지켜보던 남자가 막무가내로 샴페인을 따며 말합니다.

"당신이 별이에요. 그래요, 당신도 자격 있어요."

영화 〈로맨틱 레시피〉의 이야기입니다. 누군가가 나에게 책을 써도 좋다고 허락해 주고 인증해 주면 좋겠다는 예비 작가가 의외로 많습니다. 제게도 "이런 책을 쓰면 될까요?"라고 묻는 분이 참으로 많습니다. 당신의 책에 왈가왈부할 수 있는 이는 독자뿐입니다. 독자도 당신의 책이 나온 다음에라야 평가가 가능합니다. 그러니 당신이 책 쓰는 데 허락을 구하지 마세요. 대신 지금 바로 당신의 책을 쓰세요. 초고를 쓰세요. 영화 속 대사를 따라 이렇게 당신에게 말하겠습니다.

"원고를 쓰면 당신도 작가예요. 당신도 책을 가질 자격 있어요."

책쓰기를 미루는 사람들은 책을 쓰는 대신 책쓰기만 배우러 다닙니다. 초고를 쓰는 대신 준비에 더 집착합니다. 생전 처음 하는 책쓰기니 이에 대해 배우는 일도 준비하는 일도 필요합니다. 그러나 거듭거듭 배우기만 하고 자꾸자꾸 준비만 하다 보면 책쓰기에 대해 말하게 되고 권하게 되고 아는 척하기에만 바빠집니다. 그러는 사이 자연히 '나는 잘할 것' 같은 근거 없는 자신감에 빠지고 막상 쓰려고 들면 한 줄도 쓰기 힘든 자신을 발견하게 되고 급기야는 아주 큰 괴리감을 느끼고 당황합니다. 그래서 더 배우고 더 준비하는 악순환에 빠지지요. 책을 쓰고 작가가 되는 사람은 일단 씁니다. 한 줄 한 줄 쓰면서 독자와 대화를 시도합니다.

책쓰기를 가르치는 이들이 내세우는 책 잘 쓰는 비법을 정리하면 만 가지쯤 됩니다. 그런데 그중 딱 한 가지, 이것을 하지 않고는 책을 손에 넣을 수 없습니다. 바로 원고를 쓰는 일입니다. 원고를 쓰려면 딱 이 한 가지 일을 시작해야 합니다. 워드 파일을 열고 한 줄 한 줄 써야 합니다. 첫마디를 시작해야 합니다.

책을 쓰고 작가가 되기 전에 저는 책쓰기에 가장 중요한 것은 아이디어라고 생각했습니다. 책쓰기 코칭을 시작한 초기에 저는 '예비 작가들이 세상이 놀랄 멋진 아이디어를 만들어서 책으로 쓰게끔 해야지'라는 생각에만 몰두했습니다. 작가로서 책을 여러 권 내고 책쓰기 코치로서 많은 분이 작가가 되도록 도운 지금은 생각이 많이 바뀌었습니다. 아이디어도 중요하지만 아이디어를 구현하는 일, 그 멋진 생각을 문장으로 써 모아 원고로 만드는 것이 훨씬 더 중요하다고 믿습니다.

아이디어가 아무리 좋아도 원고를 완성하지 못하면 아무 일도 일어나지 않습니다. 고만고만한 아이디어도 베스트셀러가 되는 일이 잦습니다. 앞서 언급했지만 출판에는 정답이 없기 때문입니다. 좋은 책인지 아닌지를 판별하는 기준은 독자에게 있습니다. 내 아이디어가 쓸 만한지 아닌지 독자에게 판별 받으려면 원고부터 써야 합니다.

탁월한 소설가에게 주는 상들을 섭렵한 미국의 대표 작가 중 한 사람인 에드거 로런스 닥터로. 글을 잘 쓰는 비결에 대해 그는 이렇게 말합니다.

"작가란 무엇인가? 글 쓰는 사람이다. 글쓰기를 계획하는 것은 글쓰기가 아니다. 책을 요약하는 것은 글쓰기가 아니다. 자료를 조사하는 것도 글쓰기가 아니다. 사람들에게 당신이 무엇을 하는지에 대해 이야기하는 것들도 모두 글쓰기가 아니다. 글쓰기는 실제로 글을 쓰는 것이다."

책 한 권 내고 싶어서 작가가 되고 싶어서 참 많이 준비하고 의지를 불태웠을 당신. 이제 책을 쓰시겠습니까? 제발 초고 좀 쓰시겠습니까?

: 책을 빨리 내는 사람들의 비결

저는 출판사에 예비 작가를 소개하는 일을 자주 합니다. '이런 사람이 이런 아이디어로 책을 내면 좋겠다'고 나름의 근거를 갖춰서 제안하면 출판사는 이렇게 묻습니다.

"원고를 볼 수 있을까요?"

원고를 보기 전에는 아이디어가 좋은지 안 좋은지 평가하기 어렵습니다. 아이디어가 좋아도 그것을 원고로 써내지 못하면 아이디어는 가치가 없습니다. 꽤 솔깃한 프로필을 들이밀며 '이런 아이디어로 책을 쓸 테니 기회를 달라'고 큰소리치는 예비 작가도 적지 않습니다만 원고를 쓰기 전에는 어떤 빛나는 조건도 예비 작가로서는 소용없습니다.

2008년부터 해 온 송숙희책쓰기교실을 수료한 예비 작가 가운데는 책쓰기 수업을 받고 1년도 채 안 돼 책을 내는 이도, 금방 책을 낼 듯하더니 10년이나 무소식인 이도 있습니다. 이 차이가 무엇인지를 살폈습니다.

책을 내는 사람은 일단 쓰고 봅니다. 책을 내지 못하는 사람들은 근사한 책을 쓰겠다며 준비만 합니다. 책을 내는 사람들은 되든 말든 초고를 씁니다. 책을 내지 못하는 사람들은 초대박이 날 책을 쓰겠다며 기염을 불태웁니다. 책을 내는 사람들은 책쓰기를 목표하고 끝장을 볼 때까지 매달립니다. 책을 내지 못하는 사람들은 책쓰기에 집중하지 않습니다. 책을 내는 사람들은 '처음부터 잘 쓸 수 있겠어?'라며 초고 쓰기의 불편함을 견딥니다. 책을 내지 못하는 사람들은 '내가 안 써서 그렇지 일단 쓰면 최고로 잘 쓸 거야'라고 하느라 한 줄도 쓰지 못합니다.

책을 쓰는 대신 책을 쓰지 못하는 핑계를 대느라 바쁜 이들이 모르는 하나가 있습니다. '책을 내는 이들은 책을 쓰지 않는다'는 것입니다. 책을 내는 이들이 쓰는 것은 말쑥하게 차려입은 상품성 있는 '책'이 아니라 '초고'입니다. 말도 안 되는 생각들을 괴발개발 파일에 부려 놓기부터 합니다. 이렇게 초고를 쓴 다음 고쳐 씁니다. 고쳐 쓰다 보면 점점 더 나은 생각이 만들어지고 점점 더 나은 원고가 됩니다. 책을 내는 이들은 책을 쓰지 않고 초고를 씁니다.

"초고를 아주 빨리 씁니다. 대개는 손으로 쓰지요. 가능한 한 빨리 페이지를 채워 나갑니다. 어떤 경우에는 저만 아는 속기법을 사용해서 나중에 어떻게 수정할지 메모를 덧붙여 놓기도 하지요. 어떤 장면은 미완성으로 남겨 놓습니다. 나중에 꼼꼼하게 살펴봐야 할 장면들이지요. 그러니까 모든 부분을 꼼꼼히 다시 봐야 하지만 어떤 장면들은 두 번째나 세 번째 수정본까지 남겨 놓는 거예요. 왜냐하면 이 장면을 완성하면서 제대로 해내는 것이 초고에서는 너무 시간이 걸리기 때문입니다."

작가들의 선생님이라 불리는 쓰기 전문가이자 유명한 소설가인 레이먼드 카버조차 이렇게 말합니다. 책을 쓴다는 것은 원고를 쓴다는 의미입니다. 한 권의 책을 쓰기 위해 얼마나 많은 책이나 논문을 읽고 얼마나 많은 자료를 수집하고 얼마나 많은 생각을 메모하고 얼마나 책쓰기 수업을 쫓아다니며 얼마나 열심히 배웠든 원고 파일에 글을 쓰지 않으면 책쓰기가 아닙니다. 준비한 것들을 한 줄씩 문장으로 엮어 내고 단락으로 꿰 내지 않으면 원고는 없습니다. 책도 나오지 않습니다.

: 베스트셀러 작가들만 아는 책쓰기 비밀

노가리, 먹태, 황태, 북어, 코다리…. 조업, 가공, 포장 방식에 따라 명태는 각기 다른 이름으로 불립니다. 책을 내기 위해 쓰는 글도 이름이 여럿입니다. 초고(草稿, draft)란 작가가 의도한 대로 만들어 낸 첫 글을 말합니다. 그러니까 생각을 문장으로 엮어 낸 초기 버전의 글이라는 뜻입니다. 저자는 초고를 쓰고 여러 차례 퇴고(推敲)해 원고(原稿, manuscript)를 만듭니다. 원고가 완성되면 탈고(脫稿)해 출판사에 투고(投稿)합니다. 탈고는 쓰기 작업을 끝내는 것을 말하며 퇴고란 원고를 고치는 작업을 의미합니다.

작가의 생각은 책으로 만들어지기까지 여러 단계를 거쳐 원고로 마무리됩니다. 초고는 책의 원료인 생각을 머릿속에서 끄집어내 작업할 수 있는 형태로 만드는 단계를 말합니다. 생각의 단편을 얼기설기 엮어 낸 버전이지요. 초고는 작가가 자신에게 책으로 쓰고 싶은 이야기를 들려주는 단계이기도 합니다. 이를테면 시제품이지요. 당연히 초고에서 가장 중요한 일은 이야기의 윤곽을 잡는 것입니다. 먼저 이야기를 완성한 다음 이어지는 고쳐쓰기 과정에서 세부적인 것들을 하나하나 처리합니다.

노벨 문학상에 빛나는 소설가에서 퓰리처상을 타는 저널리스트까지 글을 써서 밥 먹고 사는 이들은 모두 초고부터 씁니다. 그들도 예외 없이 형편없는 수준의 초고를 씁니다. 누가 쓰든 초고가 엉망진창인 이유는 쓰는 사람의 재능이나 능력에 문제가 있어서가 아닙니다. 글쓰기 특성의 문제입니다. 초고가 없으면 생각이 발전하지 않습니다. 원고로 발전시킬 수도 없습니다. 미국에서 유명한 글쓰기 선생인 앤 라모트도 수없이 많은 작가의 글쓰기를 도와 온 경험으로 이렇게 말합니다.

"모든 초고는 엉망진창이다. 유명 작가들도 초고는 거의 쓰레기나 개코같다. 완벽한 원고가 하늘에서 뚝 떨어지는 게 아니다."

저도 물론 형편없는 초고부터 씁니다. 문장으로 부려 놓은 생각들이 논리정연하기는커녕 말도 안 되는 데다 군데군데 구멍이 숭숭 나 있고 쓴 것을 또 쓰고 써야 할 것을 빠뜨리고 단어가 생각나지 않아 '○○'라고 비워 놓지를 않나, 생각이 미처 떠오르지 않아 '왈왈' 하고 말지를 않나…. 한마디로 '이렇게 해서 책이 될까?' 싶을 만큼 초고는 허접하고 조악합니다.

하지만 이렇게나마 초고를 쓰고 나면 책 한 권을 다 쓴 것처럼 홀가분합니다. 아무것도 없던 빈 파일을 초고로 만들어 냈으니 그 차이는 하늘과 땅만큼입니다. 이제 남은 일은 쓰레기를 들추어 골라내고 버리고 다듬고 윤내는 작업을 여러 차례 해서 원고로 만드는 것입니다. 감성 에세이를 쓰는 임경선 작가도 이렇게 초고 쓰기를 응원합니다.

"책을 쓰는 일련의 과정 중 내가 가장 즐거울 때는 얼개를 잡고 초고를 내키는 대로 써 나갈 때다. 얼마 전 나는 그 첫 번째 즐거움인 '초고 쓰기'를 했다. 참고로 여기서 말하는 '초고'란 출판사에게 보내는 첫 정식 원고로서의 초고가 아닌, 완성도와 상관없이 어쨌거나 책 한 권 분량을 채워 놓은 글 뭉치라는 의미의 초고다. 처음 쭉쭉쭉 술술술 써 나가는 원고 말이다."

누가 쓰든 처음에 쓴 허접하기 짝이 없는 초고는 누구도 궁금해하지 않습니다. 초고를 보자는 사람도 없습니다. 남들에게 내보일 때의 초고는 이미 초고가 아닙니다. 수없이 고치고 다듬고 윤내고 광까지 낸 다음이기 때문이지요. 이런 수준의 초고는 초고가 아니라 '원고'라고 부릅니다. 그러니 초고 쓰기를 겁내지 마세요. 당신의 초고에는 아무도 관심이 없으니까요.

참, '베스트셀러 작가들만 아는 책쓰기 비밀'이 뭐냐구요? 내 책이 베스트셀러가 되려면 일단 책을 내야겠지요? 우선 원고를 써야겠지요? 그러려면 초고부터 써야 하지요? 베스트셀러를 쓰는 비결은 초고부터 쓰는 것이랍니다.

책을 쓰기 위해 대단히 훌륭한 작가가 될 필요는 없습니다. 하루 종일 책 쓰는 데 시간을 바치거나 직장을 그만두면서까지 책을 쓸 필요는 없습니다. 책을 쓰기 위해 연월차 휴가를 모아 펜션을 예약할 필요도 없습니다. 일하고 살림하고 하던 일들을 하면서 거기 당신의 일이 있고 일상이 있는 삶의 현장 한복판에 책쓰기 시스템을 들이면 됩니다.

단지 하루에 90분만 내서 90분 동안만 글 한 편을 쓰는 것으로 90일, 3개월이면 초고를 쓸 수 있습니다. 언제든 책을 쓰면 그 시간이 책쓰기에 가장 적당한 시간입니다. 그런 시간을 기다리느라 시간을 허비할 필요도 없습니다. 시간이 없다면 만들어서 글을 쓰면 됩니다. '3개월 동안 하루 90분'이면 됩니다.

된다, 된다!
3개월이면 내 책이 된다

: 3개월간의 폭발적 질주

스티븐 킹은 세계적인 베스트셀러 작가입니다. 그가 쓴 책은 전 세계적으로 3억 부 이상 팔렸다고 합니다. 이런 그가 전수하는 책 쓰기 비법이 있습니다.

"나는 어떤 책이든—설령 분량이 많더라도—한 계절에 해당하는 3개월 이내에 초고를 끝내야 한다고 믿는다. 그보다 오래 걸리면—적어도 내 경우에는—이야기가 왠지 낯설어진다."

정말 이렇습니다. 아이디어 하나를 석 달 이상 집적대기만 하면 흥미가 떨어지고 에너지도 동납니다. 그러는 사이 아이디어를 세상에 내놓을 골든 타임도 놓치고 맙니다. 이런 위험을 피하려면 초고는 3개월 안에 써야 합니다. 제가 책 한 권 쓰기에 투입하는 시간도 딱 3개월입니다. 적어도 제 경우에는 3개월 이상 걸리면 그 주제는 내 것이 아니거나 그 주제를 풀어낼 능력이 없다고 판단합니다.

시간이 많이 생기면 여유 있고 차분하게 책을 쓸 수 있을 것 같다며 휴직하겠다고 말하거나 퇴사까지 감행하는 용감무쌍한 예비 작가도 적지 않습니다. 사람들이 제게 이런 일로 상의를 해 오면 저는 그야말로 도시락 싸 들고 쫓아다니며 만류합니다. 시간이 많이 주어진다고 책쓰기가 더 잘되는 것은 아니기 때문입니다.

유명한 '파킨슨의 법칙'에 따르면 사람은 어떤 일에 두 시간이 주어지면 두 시간에 하게 되고 같은 일에 열 시간이 주어지면 열 시간에 해낸다고 합니다. 잠잘 시간도 부족해 보이는 이가 책까지 써내는 비결이 바로 여기에 있습니다. 그러니 당신도 딱 3개월만 투자하세요. 3개월 안에 초고를 쓰세요. 3개월이면 초고를 쓸 수 있습니다.

여기에서 말하는 3개월이란 순수하게 '초고 쓰는 시간'을 말합니다. 이 3개월에는 초고 쓰기의 앞 단계인 아이디어를 만들고 그에 필요한 자료를 준비하는 시간은 포함되지 않습니다. 또 초고 쓰기의 뒷 단계인 고쳐쓰기도 포함되지 않습니다. 아이디어를 하나의 이야기로 완성하는 과정만 의미합니다.

그나저나 왜 초고는 꼭 3개월 안에 끝내야 할까요? 사람마다 생산성이 다르고 또 사람마다 문장 한 줄 쓰는 데 들이는 노력과 시간도 제각각입니다. 하지만 무슨 일이 있어도 초고만큼은 3개월 안에 끝내야 합니다. 3개월은 하나의 주제에 집중하고 톤을 유지하면서 하나의 이야기를 완성하는 데 필요한 절대 시간입니다. 책 쓰기에 전념하고 몰두하는 데 필요한 의지와 인내의 유효 기간도 3개월입니다.

효율적인 3개월 사용법을 알려 주는 책을 쓴 사사키 다이스케는 "3개월은 전력투구하여 하나의 주제에 집중하는 한계"라고 정리합니다. 6개월이나 1년은 길게 느껴져 엄두가 나지 않습니다. 하지만 3개월, 90일은 마음먹고 '눈 질끈 감고 한번 해 보자'고 할 수 있는, 집중력과 관심을 최고로 유지하면서 몰두할 수 있는 최적의 기간이라고 강조합니다.

초고 쓰기도 마찬가지입니다. 3개월이라는 시한을 정한 후 시작하고 끝내야 합니다. 그래야 긴장하고 집중해서 초고를 씁니다. 일본 정신과 의사 가바사와 시온은 "기한 없이 글을 쓰면 시간만 질질 끌 뿐 좋은 글을 쓰지 못한다. 반면 기한을 정해 단숨에 집중해서 쓰면 글을 쓰는 속도와 더불어 문장의 질이 향상된다"라고 경험을 전합니다. 초고를 3개월 만에 쓰지 못하면 3년이 걸려도 30년이 걸려도 책 내기는 불가능합니다.

탈레브, 데이비드 린치, 에드워드 노튼, 레이 달리오, 에드윈 캣멀, 스티븐 핑커…. 하버드대 석학부터 글로벌 CEO, 예술계 슈퍼스타, 슈퍼 리치에 이르기까지 자기 분야에서 독보적인 성공을 거둔 인물들을 집중 취재하고 그들과 깊게 교류해 온 팀 페리스는 어느 순간 빅뱅처럼 '폭발적으로 발전하고 성장하는 구간'이 인생에 찾아온다는 사실을 발견합니다. 그러면서 성공이란 노력하다 보면 어느 날 갑자기 찾아오는 것이 아니라 폭발적인 질주를 필요로 한다고 말합니다.

책쓰기가 가져다줄 성공 또한 '3개월 초고 쓰기'라는 폭발적인 질주의 시간을 요구합니다. 눈가리개를 하고 결승점을 향해 달리는 경주마처럼 딱 3개월만 초고 쓰는 데 초집중하면 책쓰기의 80퍼센트를 달성하게 됩니다. 이때부터 책쓰기는 내리막입니다. 생각으로 세상에 기여하는 일, 책 한 권으로 세상에 긍정적인 영향을 미치는 기적 같은 일이 이제 곧 일어납니다.

: 3개월 안에 초고 쓰게 되는 절대 법칙

초고는 한달음에 써야 합니다. 그래야 아이디어에 집중하고 생각의 결을 일관되게 유지할 수 있습니다. 따라서 몰입이 아주 중요합니다. 딱 3개월 동안 초고 쓰기에 몰입하는 방법 7가지를 정리했습니다.

① 허접하더라도 일단 쓰고 봅니다.

초고 쓰기의 목표는 책쓰기가 아닙니다. 초고 쓰기 단계에서는 머릿속에만 존재하던 아이디어를 끄집어내 실체를 부여하는 것이 중요합니다. 그러므로 초고 쓰기의 목표는 완벽한 책쓰기가 아니라 '책으로 쓰려는 이야기 완성하기'입니다.

이 목표를 위해 당신은 허접한 생각부터 쏟아 내야 합니다. 허접한 내용을 죄다 쓴 다음 고쳐쓰기 과정에서 버리고 압축하고 다듬으며 완성도를 높여 갑니다. 이 과정에서 초고의 많은 부분이 버려지는데, 처음부터 초고 대부분이 버려질 것이라고 생각하면 쓰기가 두렵지 않습니다. 이것이 프로 작가들이 초고를 쓰는 방식입니다.

② 한달음에 후다닥 씁니다.

초고 쓰기는 일단 하나의 이야기를 완성하는 일입니다. '이것이다' 하고 기획해 온 아이디어를 끝까지 써 보는 것입니다. 내가 무슨 이야기를 하려는지 일단은 일사천리로 쏟아 내야 합니다. 가능한 한 빨리, 한달음에 써야 이야기가 곁길로 새지 않습니다.

③ 직진만 합니다.

초고는 옆도 뒤도 돌아보지 않고 써야 합니다. 브레이크 페달도 없고 후진 기어도 없는 고장 난 자동차를 운전하듯 직진만 해야 합니다. 썼다 지우다를 반복하지 말고 내처 달리세요. 그렇게 안 하면 뭘 쓰려고 했는지 헷갈립니다. 그럼 자꾸 멈칫거리게 되고 자주 멈칫거리다 보면 지쳐서 포기해 버리게 됩니다. 초고 파일을 열어서 쓰세요. 마지막 단어를 쓰고 마침표를 찍기까지 멈추지 말고 쓰세요.

④ 백미러를 보지 않습니다.

앞에서 뭘 썼는지 살펴보지도 마세요. '이렇게 써도 되나?' 고민하지 마세요. '잘하고 있나?' 염려도 마세요. 부족한 점은 초고를 쓴 다음 고쳐쓰기 단계에서 싹 다 해결하면 됩니다. 문장이 이상하고 문법에 맞지 않는 것 같아도 일단은 그냥 쓰세요. 이런 데 일일이 신경 쓰면 내용이 곁길로 빠집니다. 쓰는 동안 더 좋은 아이디어가 떠오르면 메모에 잡아 두고 초고를 마저 계속 쓰세요.

⑤ 문을 닫고 씁니다.

초고를 쓸 때는 오직 초고를 쓰는 자신에게만 몰두합니다. 남의 조언이나 도움을 받을 필요도 없습니다. 그런 것은 초고를 쓴 이후에 얼마든지 해도 됩니다. 스티븐 킹의 말마따나 초고를 쓸 때는 문을 굳게 닫으세요. 누구의 조언도 듣지 말고 생각을 곧장 끄집어내세요. 가능한 한 많이 쓰고 자세히 쓰세요. 그래야 고쳐 쓰는 과정에서 내용이 뭉텅뭉텅 잘려 나가도 전체 분량을 지켜 낼 수 있습니다.

⑥ 눈에 보이는 피드백으로 셀프 응원을 합니다.

초고 쓰기는 혼자 하는 작업이라 답답하고 지루해지기 십상입니다. 그런데 자주 이렇다면 몰입이 깨져 초고 쓰기 목표를 이루기가 어렵습니다. 매일 그날 치 초고 쓰기 목표를 정하고 목표를 완수하면 달력에 '× 표시'를 하세요. 그러면 × 표시가 늘어나면 초고 분량도 늘어납니다.

⑦ 준비는 쓰기가 아닙니다.

초고를 쓰려면 쓰기에 필요한 준비를 미리 다 해 놓아야 합니다. 조리하기 전에 필요한 식재료를 일일이 씻고 다듬고 썰어서 가지런히 준비하는 요리사처럼 자료를 모으고 자료를 쓰기 좋은 형태로 다듬고 꺼내 쓰기 좋게 보관해 둬야 합니다. 이런 과정을 미리 해 놓지 않으면 한 줄 쓰고 자료 찾고 두 줄 쓰다 자료 찾고 하느라 '한달음에 초고 쓴다'는 미션을 이룰 수 없습니다. 이래서는 초고 쓰기의 목표를 이룰 수 없습니다.

여기에 더해, 기껏 확보한 시간 동안 원고를 써야 하는데 끊임없이 산만해지고 충동이 올라옵니다. 그래서 저는 원고를 쓸 때 챙기는 두 가지 소품이 있습니다. 바로 타이머와 메모지입니다. 저는 40분 단위로 타이머를 맞춰 놓고 경주마처럼 달립니다. 40분 동안 오로지 쓰기만 합니다. 순간순간 생각이 번뜩이고 자칫 산만해지려 하지만 '40분만 참자' 하고는 쓰기에 매달립니다. 그러다 보면 40분이 됐다고 알람이 울립니다. 그러면 잠시 숨을 고르고는 다시 40분 알람을 맞춥니다. 쓰는 동안 좋은 생각이 떠오르면 아주 잠시 메모를 한 다음 다시 계속 씁니다. 책쓰기는 정신 활동이지만 궁극에는 엉덩이와 싸우는 육체노동입니다. 첨단 디지털 시대지만 책쓰기에 필요한 핵심 능력은 이토록 아날로그합니다.

15분도 집중하기 어려운 당신을 위한 **초고 쓰기 비법**

: 매일 써야 잘 쓴다

한 인터뷰에서 스티븐 킹은 "생일날과 추수 감사절을 빼고는 하루도 빠짐없이 글을 쓴다"라고 말했습니다. 그러나 이는 사실이 아니라고 합니다. 실제로는 생일날은 물론이고 휴일에도 예외 없이 10페이지를 쓴다고 고백했습니다.

"매일 똑같은 시간에 들어가서 2,000단어를 종이나 컴퓨터에 쓴 후에 나온다."

이 습관 덕분에 스티븐 킹은 평온하게 책을 쓴다고 합니다. 전업 작가라면 모를까 생업을 유지하면서 책을 쓰기란 분명 쉽지 않습니다. 하지만 책을 내고 작가가 된 사람들은 책쓰기를 그리 어렵게 여기지도 않습니다. 그들 역시 그리 한가하지 않은 사람들입니다. 그들은 새벽이나 야심한 시간 혹은 점심시간에 한 줄 한 줄 원고를 씁니다. 매일 조금씩 써서 마침내 책 한 권 분량을 씁니다.

《회사어로 말하라》를 쓴 김범준 님은 직장인이면서 대학원생이고 16권의 책을 낸 작가이기도 합니다. 그가 책을 쓰는 비결도 매일 조금씩 쓰기입니다. 그는 짬이 날 때마다 30분이나 한 시간 단위로 책을 씁니다.

저도 스티븐 킹처럼 일정한 분량을 매일 꼬박꼬박 씁니다. 새벽에 일어나 일단 그날 치 원고부터 쓰고 다른 일을 합니다. 추석이나 설날에도 무슨 무슨 기념일에도 새벽이면 그날 치 원고를 씁니다. 이사하는 날도 아이가 입대하던 날도 새벽이면 썼습니다. 새벽이라는 시간은 매일 어김없이 리필되고 아무 방해도 받지 않기 때문입니다. 또 새벽에 쓰고 나면 하루치의 일을 다 한 것 같은 후련함이 좋아서 매일 새벽에 씁니다.

초고를 3개월 안에 쓰려면 시간을 효율적으로 쓸 수 있어야 합니다. 하루 중 한두 시간을 초고 쓰는 데 할애하고 매일 이 시간을 지켜 초고를 써 나가는 것이 주말이나 휴일에 10시간을 쓰는 것보다 훨씬 좋습니다.

미국 소설가 앤서니 트롤럽은 소설 빨리 쓰기로 유명합니다. 평생에 걸쳐 40권 넘는 책을 썼는데, 15분 단위로 매일 세 시간씩 쓴 결과라고 합니다. 《넛지》의 저자 리처드 탈러는 매일 90분 동안 쓴 글로 책을 냅니다. 스티븐 킹은 하루에 10페이지씩 2,000단어를 3개월 동안 매일 씁니다. 그는 "이렇게 3개월 동안 쓰면 18만 단어가 되는데, 이 정도면 책 한 권 분량으로는 넉넉한 셈"이라고 말합니다.

프로 작가들의 방식과 전문가들이 연구한 자료를 토대로 궁리하면 당신도 매일 90분씩 3개월이면 초고를 쓸 수 있습니다. 매일 90분으로 설정하는 이유는 우리 몸이 90분 주기로 각성하기 때문입니다. 그래서 90분 동안만 집중해도 생산성을 최대로 높일 수 있습니다. 또 하루 90분쯤 책쓰기에 할애하기는 그리 어렵지 않기 때문입니다. 만일 당신이 매일 90분 동안 1,500자씩 쓰면 3개월 동안 135,000자를 쓰게 되는데 이는 200자 원고지로 675장쯤입니다. 이 분량은 책 한 권 치로 충분합니다.

심리학자와 교육학자들의 연구에 따르면 정해진 시간에 정해진 장소에서 정해진 분량만큼 정해진 방식으로 '매일' 쓰는 것이 가장 생산성이 높습니다. 또한 매일 써야 잘 쓸 수 있습니다. 뉴욕대학교 로버트 보이스 교수는 "정기적으로 계획된 쓰기는 즉흥적인 쓰기보다 훨씬 낫다"라고 강조합니다.

쓰고 싶을 때, 내킬 때 한 번씩 쓰는 것보다 매일 쓰면 훨씬 더 창조적인 글을 쓰고 훨씬 더 많이 쓰게 된다고 합니다. 정기적으로 매일 글을 쓴 그룹과 쓰고 싶을 때만 글을 쓴 그룹을 비교했을 때 전자가 새로운 생각과 글을 쓴 분량이 두 배나 된다고 강조하는 그는 많지 않은 양을 매일 규칙적으로 쓸 때 결과가 가장 좋다고 역설합니다.

오래 책을 써 온 선배 작가와 전문가들의 조언, 그리고 저의 경험을 토대로 초고 쓰기 미션을 만들었습니다. 이는 당신이 3개월 안에 초고를 완성하게 되는 비결이기도 합니다.

'90일 동안 매일 정해진 시간에 일정한 분량을 쓴다.'

일본 소설가 무라카미 하루키의 작품은 쉽고 재미있다는 평을 듣습니다. 글을 써 본 사람은 쉽고 재미있게 쓰기가 얼마나 어려운지 잘 압니다. 이 어려운 일을 해내는 비결은 너무 쉬워서 황당하기까지 합니다. 바로 '마라톤 하듯 매일 쓰는 것'이라고 하는데요. 우리도 그를 따라 마라톤을 하듯 초고를 써 볼까요?

① 매일 씁니다.

② 매일 그날 치 분량을 씁니다.

③ 90일 동안 매일 씁니다.

: 책쓰기,
왜 나만 자꾸 슬럼프에 빠질까?

'쓸 수 있을까? 쓰면 될까? 출판사에서 책 내 줄까?'

초고 쓰기에 돌입한 예비 작가의 머릿속을 들여다보면 이런 생각이 꽉 차 있을 것입니다. 좀 더 진도가 나가면 예비 작가는 이런 생각을 합니다.

'내가 책 쓰면 아는 사람들이 흉보지 않을까?'

이런 생각 때문에 암담해지면 저를 다그치기도 합니다.

"내가 정말 쓸 수 있다고 보세요? 내가 쓰면 된다고 보세요?"

어떤 답을 기대하는지는 잘 알지만 그 답은 저도 모릅니다. 아직 초고도 다 쓰기 전이니까요. 초고 쓰기에 돌입하면 처음에는 잘 모르는 일을 더듬어 가며 해야 한다는 두려움에 사로잡히고 나중에는 이러한 의심에 시달립니다. 두려움은 막상 시작하면 사라지지만 의심은 갈수록 기세등등해져 끝내는 책쓰기를 포기하게 만들기도 합니다. 불안해하는 예비 작가에게 저는 이런 처방을 냅니다.

"오늘 쓰기로 계획한 부분을 쓰세요. 그런 다음 다시 생각해 보세요."

의심에 끌려다니기보다 써야 할 것을 쓰다 보면 의심은 자취를 감춥니다. 이 방법은 고흐에게서 배웠습니다. 그는 이렇게 말했습니다.

"당신 안의 어떤 목소리가 '넌 그림을 그릴 수 없어!'라고 말한다면 그저 그림을 그려라. 그러면 그 목소리는 잠잠해질 것이다."

누구나 무슨 일에나 애로는 있기 마련입니다. 특히 출간된다는 보장도 없는 초고를 긴가민가하며 쓰다 보면 에이포지 70장을 써내는 동안이 마냥 순탄할 리 없습니다. 책쓰기에 대한 의심은 슬럼프를 동반합니다. 며칠 동안 한 문장도 써지지 않는 현상입니다. 어떻게 이 고비를 넘길까요?

① 서점에서 자극받으세요.

한 줄도 못 쓰겠다고요? 며칠째 그렇다고요? 그렇다면 축하드립니다. 쓰는 일을 하는 사람들에게 일어나는 슬럼프는 '작가의 벽(Writer's block)'이라는 전문 용어로 불리는데, 당신이 이런 증상을 겪는다면 이미 작가이기에 축하받아 마땅합니다.

전문가들은 '작가의 벽'에 부딪혔을 때 하소연하거나 변명하기보다 뇌에 자극을 줄 만한 변화를 꾀하면 돌파할 수 있다고 합니다. 특히 현재 하는 일과 관련한 새로운 것을 배우면 뇌에 자극을 주어 슬럼프 극복이 가능하다고 합니다.

저는 이럴 때 대형 서점에 갑니다. 아직 인쇄 열이 식지 않은 새 책을 살펴보고 수년째 베스트셀러들도 다시 들여다봅니다. 어떤 책은 눈으로만 보고 어떤 책은 책 한 권을 다 기억하겠다는 듯 맹렬하게 살펴봅니다. 그렇게 시간을 보내다 보면 내 책쓰기에 필요한 아이디어들이 마구마구 솟아납니다.

'이런 아이디어도 있네.'
'이렇게 하면 되겠다.'
'이렇게는 하지 말아야지.'

두어 시간 서점에 머물면 어느새 메모가 한 줌이나 되고 쓰던 원고를 계속 쓰고 싶은 충동이 입니다. 글이 막히고 쓰기 싫어질 때 서점을 다녀오세요. 생각이 폭발해 글이 잘 써집니다.

② 무조건 견디세요.

《지금이라도 네 삶을 흔들어라》를 쓴 독일의 보리스 폰 슈메르체크는 자신이 천직을 발견하고 작가가 될 수 있었던 비결은 '견뎌 내는 것'이었다고 이야기합니다. 그는 경험도 없이 새로운 분야에 도전한다는 것이 남들의 웃음거리가 될까 봐 아무도 모르게 책을 썼습니다. 3주 안에 쓰리라고 기염을 토하던 원고는 2년 만에 완성됐다고 합니다. 낮에는 은행원으로 일하고 저녁에는 원고를 몇 장씩 썼는데 이때 필요한 것은 오로지 인내심뿐이었습니다.

'왜 내가 이 일을 해야 하지? 무슨 대가가 있지?'

폰 슈메르체크는 책을 쓰는 2년 동안 수많은 회의와 번민이 교차했다고 합니다. 그러는 동안 그의 표현대로 천당과 지옥을 오갔습니다. 그러나 그는 견뎌 냈고 견뎌 냄으로써 작가로서 인정받을 수 있었다고 자부합니다.

30년 넘게 글밥을 먹어 온 저도 쓰는 일이 마냥 좋지만은 않습니다. 원고를 쓰는 3개월 동안에는 외부 활동을 자제하고 쓰기에만 모든 에너지를 투입합니다. 그러노라면 좀이 쑤셔 뛰쳐나가고 싶어집니다. 하지만 그럴수록 저는 꾸역꾸역 씁니다. 쓰던 원고 파일을 들여다보며 꾸역꾸역 생각을 쏟아 내다 보면 어느새 마지막 줄을 쓰게 됩니다.

영화 〈올드보이〉의 박찬욱 감독은 무명 시절에 여러 매체에 칼럼을 썼는데, 그 역시 쓰는 일이 즐겁지 않아 고역이었다고 합니다. 그러나 먹고살려면 써야 했고 그러려면 억지로 쓸 수밖에 없었습니다.

"마치 내가 스스로 쓰고 싶어 안달이 나서 쓰듯이 썼다. 그래야 즐거울 수 있으니까. 즐거워야 빨리 끝나니까. 빨리 끝내야 내 시나리오를 쓸 수 있으니까. 그런 맘으로 쓰다 보면 정말 그렇게 되고는 했다."

글쓰기를 견디기 위해 자신을 속이기까지 한 경험담입니다. '꾸역꾸역'은 책쓰기라는 창조적이고 매력적인 일에 어울리지 않을 법한 수식어입니다. 하지만 책쓰기로 성공한 선배 작가들은 꾸역꾸역 쓰다 보면 쓰게 된다고 입을 모읍니다.

제6장

하버드생 따라 하기

책이 되는 글쓰기

“

쓸거리가 분명하면 쓰는 것은 문제가 되지 않는다.
쓸거리가 분명하지 않으면 쓰는 것은 문제조차 되지 않는다.

《150년 하버드 글쓰기 비법》

”

말하자면 연애편지,
독자와 나누는 은밀한 이야기

: 작가의 소원은 독자를 갖는 것

천재라고 불리는 편집자를 만나 하루아침에 천재 작가라고 불리게 된 토머스 울프는 데뷔 초기에 동료 작가 피츠제럴드를 찾아가 고민을 털어놓습니다.

"100년에 기억되는 작가가 될 수 있을까…."

작가로서 한순간 최고의 지위를 누리다가 아픈 아내를 돌보고

가계를 꾸리는 일에 매인 피츠제럴드는 토머스 울프의 고민을 십분 이해했습니다. 하지만 그는 이렇게 말했습니다.

"지금은 괜찮은 한 문장이 절실해."

베스트셀러를 쓰는 일도 그런 가능성을 가진 원고를 써내는 일도 우선은 한 줄 괜찮은 문장을 쓰는 것부터입니다. 일본의 사상가인 우치다 다쓰루는 힘주어 말합니다.

"좋은 책에는 그만의 힘이 있다. 편집자가 온 힘을 다해 편집하고, 표지 디자이너가 온 힘을 다해 표지를 만들고, 영업 사원이 온 힘을 다해 영업을 하고, 서점 직원이 온 힘을 다해 책을 진열한다. 그런 책에는 책장에 꽂힐 때까지 경유해 온 모든 사람의 마음이 담겨 있다."

만든 사람들에게 사랑받고 열과 성을 다해 판매하려고 애쓰게 만들고 독자들이 너도나도 한 줄 한 줄 밑줄 그어 가며 공들여 읽는 그런 책을 당신이 썼다면 그 책이 당신에게 얼마나 큰 힘을 줄지 생각해 보세요. 그런 책은 존재만으로도 엄청난 기운을 발산합니다. 그런 책을 당신이 쓰게 된다면 그 기운이 당신의 앞길도 훤히 비춥니다. 생각만 해도 설레는 이 일의 출발점은 첫 문장을 쓰는 것입니다. 그런 다음 두 번째 문장을 쓰고 그리고 또 그다음 문장을 쓰는 것입니다.

로빈 윌리엄스가 주연한 영화 〈지상 최고의 아빠〉의 주인공은 몇 권의 책을 내도 읽어 주는 독자 없는 작가입니다. 그의 소원은 책이 출간돼서 유명한 작가가 되는 것이 아니라 독자를 갖는 것입니다.

책을 내고 작가가 되면 어떤 점이 좋은지는 제1장에서 입 아프게 이야기했습니다만 작가가 돼서 가장 좋은 점은 독자라는 친구를 두게 되는 것입니다. 같은 방향을 보고 같은 꿈을 꾸며 생각과 마음을 나누는 이를 친구라고 한다면 내가 쓴 책을 사이에 둔 독자만한 친구가 없습니다. 새 소설을 출간하는 족족 세계적인 베스트셀러가 되는 무라카미 하루키조차 "나에게 친구라고는 독자밖에 없다"라고 합니다.

책을 냈는데 읽어 주는 사람이 없다면 작가로서 이만큼 자존심 상하는 일도 없습니다. 어디에 하소연도 못하는 이 자존심 상하는 일에 작가는 이런저런 핑계를 대겠지만 그럼에도 불구하고 원인은 딱 하나입니다. 작가가 독자를 친구로 여기지 않았기 때문이지요. 책을 내겠다는 마음에만 사로잡혀 쓰고 싶은 것을 쓰고 싶은 대로 마구 쏟아 낸 글은 독자가 외면합니다. 이런 글로 만들어진 책은 출판사도 외면합니다. 현실 세계에서도 줄창 혼자 떠들기만 하는 사람은 친구가 없지 않나요?

"글쓰기는 내 가슴과 영혼을 보여 주면서 독자들에게 이렇게 말해 주는 것이다. '당신은 혼자가 아니에요.'"

《연금술사》의 작가 파울로 코엘료가 당신에게 하는 조언입니다. 하고 싶은 말은 참으세요. 그리고 눈과 마음을 열어 당신에게 집중해 줄 친구가 솔깃해할 말을 찾으세요.

: 글쓰기도 초보인데요, 책을 써도 될까요?

"글이 내 몸속에서만 도는 피라면 책은 다른 이의 몸 안에서 박동하는 심장"이라고 표현한 사람이 있습니다. 다른 이의 몸 안에서 가열차게 기능하는 심장 같은 책을 가지려면 읽히는 글을 써야 합니다. 읽고 싶게 읽기 쉽게 써야 합니다. 그런데 그 이전에 쓸거리부터 분명해야 합니다. 쓸거리가 분명하면 쓰는 것은 문제가 되지 않으니까요. 철학자 쇼펜하우어는 무엇을 쓰는지도 모르고 쓰는 글쓰기를 '헤겔짓거리'라 부르며 조롱했습니다.

"아무리 읽어도 무슨 말을 하는지 모르겠다. 할 말도 없는 것 같다. 생각도 없는 것 같다. 하고 싶은 말을 골라 잔뜩 쓰기는 했는데 자신의 생각을 분명하게 표현하기 위해서가 아니라 생각의 결핍을 더욱 능숙하게 감추는 데 쓰인 것 같다."

좀 뜨끔한가요? 제가 진행하는 '하버드 글쓰기 수업'에서 가장 많이 발견되는 증상입니다. 아마 쓰는 동안 제정신이 아니어서일지도 모릅니다. 무라카미 하루키는 장편 소설을 다 쓰고 난 작가는 대부분 흥분 상태로 뇌가 달아올라 반쯤 제정신이 아니라고 편들어 줍니다. 왜냐하면 제정신인 사람은 장편 소설 같은 건 일단 쓸 리가 없기 때문이라나요? 논픽션 한 권 치 분량을 다 쓰고 나도 제정신이 아니기는 마찬가지입니다.

다행히 우리가 쓰는 논픽션은 소설처럼 처음부터 끝까지 하나의 이야기를 끌고 가는 선형적 형식이 아닙니다. 논픽션 책쓰기는 하나의 이야기를 '꼭지'라고 불리는 30, 40개 내외의 세부 이야기로 조립한 형식이 대부분이라 꼭지의 포맷을 정하고 같은 식으로 이야기를 담아내면 됩니다. 이런 이유로 우리는 책 쓰는 동안 정신을 잃지 않아도 됩니다.

"글쓰기는 문제 없나요?"

제가 책쓰기 수업에서 수강생들에게 빠뜨리지 않고 묻습니다. 책을 내고 싶은 당신의 글은 어떤가요? 메시지가 글로써 분명하게 전달되나요? 의견이 일리 있고 조리 있게 주장되나요? 다양한 사례와 예시로 읽는 맛이 나는 글인가요? 자신 있게 '그렇다!'고 대답하지 못한다면 책을 갖고 싶은 욕심을 접어야 할까요? 글쓰기를 처음부터 배워야 하는 걸까요?

책이 되는 글쓰기, 책 선생 따라 쓰기의 기적

글쓰기를 처음부터 제대로 배워야만 책을 쓸 수 있다면 책쓰기는 극히 소수의 사람에게만 허락될 것입니다. 이번에도 책 선생 따라 하기면 충분합니다. '책 선생', 즉 샘플 책을 주의 깊게 '읽기만 해도' 책이 되는 글쓰기가 가능합니다. 이는 많은 전문가가 관련 연구를 통해 한결같이 주장하고 강조하는 바이기도 합니다.

"잘 읽는 사람은 잘 쓴다. 왜냐하면 그렇게 될 수밖에 없기 때문이다. 읽기를 통해 무의식적으로 글을 잘 쓰게 되는 기술을 습득

하기 때문에."

세계적인 읽기 전문가로 알려진 스티븐 크라센은 '이렇게 하면 잘 쓴다'는 식의 배우기로는 쓰기 능력이 길러지지 않는다고 역설합니다. 그는 쓰기에 필요한 감각은 읽기 경험에서 길러지며, 따라서 읽기는 쓰기를 배우는 유일한 방법이라고 힘주어 말합니다. 책 선생 따라 하기만으로 아이디어를 얻고 아이디어를 내용으로 구현하고 또 한 줄 한 줄 책을 쓸 수 있다는 저의 주장은 스티븐 크라센 교수의 이 같은 증언으로 큰 힘을 얻습니다. 그렇습니다. 주의 깊게 책 선생 따라 하기로 쓰기 문제 또한 거뜬히 해결됩니다.

책을 읽으면 책쓰기가 저절로 되는 이유

어린아이에게 음악을 가르치는 방식으로 유명한 스즈키 음악 학습법이 있습니다. 이 프로그램에서 학생들은 악기 수업과 별개로 여러 곡의 음악을 듣는데요. 쉬운 음악에서 어려운 음악까지 반복해서 들려주며 학생들의 뇌에 그 음악이 새겨지게 만드는 것이 이 방식의 목표입니다. 이렇게 듣기 연습을 하고 나면 악기 수업이 훨씬 수월해진다고 합니다.

저 또한 책쓰기 수업을 하면 읽기부터 요구합니다. 수강생들에게 샘플 책을 선정하게 한 다음 공들여 꼼꼼히 읽고 분석하고 생각과 의견과 느낌을 정리하게 합니다. 책을 쓰기 위해 읽어야 할 책 100권을 정하게 하고 왜 그 책들을 선정했는지 이유까지 정리하도록 요구합니다. 그리고 매주 정한 책을 읽고 분석하는 과제를 줍니다.

이쯤 되면 '책 쓰러 왔지 책 읽으러 왔느냐'며 항의도 빗발치지만 저는 양보하지 않습니다. 잘 읽지 못하면 잘 쓰지 못하며 글쓰기조차 서툰 초보가 책조차 제대로 읽어 내지 못하면 책쓰기는 절대 불가능하기 때문입니다. 읽기 과제를 밀린 숙제처럼 억지로 하는 이들은 결국 중도에 수업을 포기합니다. 이 과제를 흥미롭게 수행하는 사람들은 이후 책쓰기에 속도를 냅니다.

잘 읽지 못하면 잘 쓰지 못한다, 절대로

책 잘 쓰는 비결을 알려 달라고 하면 저는 0.1초도 망설이지 않고 '책을 잘 읽는 것'이라고 단호하게 말합니다. 책을 쓰려면 우선 책을 잘 읽어야 합니다. 책이 어떻게 쓰였는지 이해하면 책쓰기는 그리 어렵지 않습니다. 책을 많이 읽는다고 책을 저절로 잘 쓰게 되지는 않지만 책을 어렵지 않게 잘 쓰는 사람들은 반드시 책을 잘 읽습니다. 책쓰기를 버거워하는 사람들은 책읽기에 소홀하거나 책을 제대로 읽지 않습니다. 그래서 저는 이렇게까지 이야기합니다.

"책 읽을 시간이 없으면 책 쓸 시간은 더 없습니다."

책을 제대로 읽으면 책을 수월하게 쓸 수 있으니 결과적으로는 시간을, 에너지를, 열정을 최대한 절약합니다. 그런데 어째서 책읽기가 책쓰기의 비결일까요? 책을 읽으면 문장을 쓰는 데도 도움이 될까요?

특별한 재능을 발휘하는 사람들의 비밀을 파헤쳐 《탤런트 코드》로 정리해 극찬받은 작가 대니얼 코일은 "모든 사람이 자기만의 재능을 가졌다"라고 말하며 이를 최대한으로 발전시키는 방법을 제안합니다. 그에 따르면 '예의 주시'는 새로 배워야 하는 어떤 기술의 선명한 청사진을 나의 정신에 구축할 때까지 스킬이 행해지는 과정을 반복해서 면밀히, 아주 강렬하게 바라보는 것을 말합니다. 대니얼 코일은 롤 모델을 정해 놓고 그의 행동을 주시하면 해당 기술이 뇌에 새겨진다고 설명하면서 이를 '새김 기법'이라고 부릅니다. 그는 위대한 책을 글자 그대로 따라 써 보며 새김 효과를 얻을 수 있다고 강조합니다.

이 책이 주장하는 책 선생 따라 하기야말로 롤 모델로 정한 책을 주시함으로써 그 책에 발휘된 재능과 기술을 습득하는 새김 기법입니다. 샘플 책을 세심하고 주의 깊게 공들여 읽으며 그 책에 반영된 글쓰기 방법과 감각까지 내 것으로 만들 수 있습니다.

세상에
나쁜 책은 없다

: 책 선생 따라 하면 저절로 책이 되는 글쓰기 3C

미국 건국의 아버지라는 수식어가 어마어마한 벤저민 프랭클린은 집안이 가난해 교육을 제대로 못 받았습니다. 젊은 시절, 그가 쓴 편지를 본 아버지가 아들의 형편없는 글솜씨에 불같이 화를 냈고 아버지를 실망시키고 싶지 않았던 아들은 위대한 문필가가 되기로 했답니다.

그 거대한 꿈을 이루기 위해 그가 시도한 일은 당시 높은 인기를 누리던 〈스펙테이터〉라는 잡지를 살뜰히 읽는 것이었습니다.

그러다가 감탄할 만한 글을 발견하면 그 기사의 얼개를 만들고 이 얼개를 이용해 기사를 다시 쓰면서 패턴을 익히는 연습을 했습니다. 이렇게 글이 완성되면 원본과 맞춰 보며 얼마나 제대로 썼는지 확인하는 노고를 아끼지 않았습니다. 이 모방 훈련을 통해 그는 글솜씨가 점점 좋아지는 것을 느꼈습니다.

프랭클린이 한 이 방식은 창조 작업을 하는 이들이라면 누구나 하는 연습법입니다. 창작가들은 성공이 입증된 작품의 공식이나 패턴을 이해하기 위해 프랭클린처럼 구조와 구성과 형식을 분석하고 같은 방식으로 창작을 시도합니다. 이 과정에서 자신만의 아이디어와 색깔로 전혀 다른 창조물을 만들어 냅니다. 이는 책 선생 따라 하기가 고수하는 기본이자 책이 되는 글쓰기에도 필요한 방식입니다.

우리는 어려서부터 좋은 책을 읽어야 한다고 교육받았습니다. 그러나 저는 세상에 나쁜 책은 없다고 장담합니다. 어떤 책이든 누군가에게는 흔적을 남기기 때문이지요. 누군가의 마음에서 그 흔적은 때로는 뜨겁게 때로는 알싸하게 오래도록 자리하며 영향을 미칩니다. 그래서 세상에 나쁜 책은 없는 것이지요.

그나저나 이 꼭지의 제목인 '세상에 나쁜 책은 없다'는 텔레비전 프로그램 〈세상에 나쁜 개는 없다〉를 빌려 쓴 것입니다. 단어

하나 바꿔 저의 의도를 표현했습니다. 이런 식으로 저는 한 글자씩 바꿔 가며 이렇게 말합니다.

'세상에 나쁜 개는 없다.'
'세상에 나쁜 약은 없다.'
'세상에 나쁜 법은 없다.'
'세상에 나쁜 글은 없다.'

이 예시로 제가 하고 싶은 말은 책을 써내는 데 필요한 글쓰기 기술도 책 선생 따라 하기로 얼마든지 가능하다는 것입니다. 샘플로 선정한 책에서 제목을 따라 하고 문장을 따라 하고 글의 형식을 따라 하면 글쓰기에서의 문제는 의외로 쉽게 풀립니다. 샘플 책이 주제를 구현하는 방식, 꼭지 글의 형식, 문장을 베껴 쓰면서 내 글에 응용하면 되니까요. 원고를 쓰는 일, 책이 되는 글쓰기도 책 선생 따라 하기로 해결하세요. 책 선생을 따라 하라는 책이 되는 글쓰기는 제4장에서 설명한 '캐치, 카피, 체인지' 단계로 작업합니다.

- Catch(캐치): 샘플 책에서 따라 할 만한 요소를 고릅니다.
- Copy(카피): 베껴 쓰기 합니다.

• Change(제인지): 내 것으로 바꿉니다.

예를 들어 책을 소개하는 글을 쓰기 위해 샘플 책을 보다가 이런 내용을 발견했습니다.

"일본에서 제일 많이 아웃풋하는 정신과 의사인 필자가 수만 시간이 넘는 아웃풋 경험을 토대로 확립한 압도적으로 성과가 나오는 아웃풋 기법."

일본의 정신과 의사인 가바사와 시온이 《아웃풋 트레이닝》에서 한 책 소개입니다. 이 내용을 따라 해 제 책의 소개 글로 만들어 보면 이러합니다.

'한국에서 제일 많이 책쓰기 코칭을 하는 책쓰기 코치인 저자가 17년이 넘는 책쓰기 코칭 경험을 토대로 확립한 압도적으로 성과가 나오는 책쓰기 코칭 기법.'

어? 써 놓고 보니 좀 다른 점이 있습니다. 공식적인 집계가 없으니 책쓰기 코칭을 제가 가장 많이 한다고 주장할 근거가 없습니다. 그러나 책쓰기 코칭의 원조임은 분명합니다. 그래서 한 번 더 고쳐쓰기 합니다. 결과적으로 샘플 글과 결이 전혀 다른 글이 탄생했습니다.

'한국에서 책쓰기 코칭을 맨 먼저 시작한 책쓰기 코치인 저자가 17년이 넘는 책쓰기 코칭 경험을 토대로 확립한 압도적으로 성과가 나오는 책쓰기 코칭 기법.'

이번에는 《생각이 돈이 되는 순간》에 실린 문장입니다. 작가는 자신이 이 책을 쓸 만한 더없이 적절한 사람이라고 어필합니다.

"나는 낮에는 대형 브랜드 기업들이 그들의 마케팅 데이터 안에서 패턴을 찾도록 돕는 회사를 운영한다. 나는 밤에는 히트한 창작품 속에 숨은 패턴을 찾는 일과 관련된 일이라면 뭐든지 한다."

이 대목을 읽다가 저에게 적용하기에도 참 좋겠다 싶었습니다. 몇 차례 내용을 바꿔 이렇게 정리했습니다.

'나는 새벽에는 내 책을 쓴다. 나는 새벽 이후의 시간에는 책쓰기를 돕는다. 나는 책쓰기에 대해 조언하기 위해서라면 나 자신이 어떤 실험도 마다하지 않는다.'

다음은《직업의 지리학》을 읽다 발견한 문장입니다.

“자신의 역할에서 특출한 사람은 꽤 잘하는 어떤 사람보다 단지 약간 나은 것이 아니다. 100배 낫다.”

이렇게 제 것으로 바꿔 봤습니다.

‘책을 낸 사람은 책을 내지 않은 이보다 조금 좋은 것이 아니다. 한 백만 배는 좋다.’

샘플 책의 구조와 내용과 표현을 따라 하고 빌려 쓰는 책 선생 따라 하기 기법이면 책이 되는 글쓰기도 이렇게 쉽습니다. 아무려나 책은 쉽게 쓰는 것입니다. 노파심에서 다시 당부하지만 책 선생 따라 하기, 즉 모방은 베껴 쓰고 바꿔 쓰고 하는 동안 당신의 것으로 재탄생합니다. 남의 것을 일방적으로 그대로 따라 하는 표절은 책 선생 따라 하기가 아닙니다.

흥미진진하게 잘 읽히는
책 쓰는 방법

: 논리적으로 흥미롭게 쓰는 법

경제경영 분야 번역서들은 웬만하면 400쪽이 넘습니다. 이런 책은 읽기도 전에 두께에 압도되고는 합니다만 작정하고 읽으면 의외로 재미있게 잘 읽힙니다. 이런 책을 선생님으로 삼고 따라 하면 당신도 쉽게 재미있게 잘 읽히게 책을 쓸 수 있습니다. 이런 책들은 주장하는 바가 분명하고 주장을 증명하는 근거도 풍부하게 제시합니다. 사례와 예시로 독자가 빠르게 이해하도록 돕습니다. 내용은 어려워도 이야기를 듣는 것처럼 쉽게 읽힙니다. 저는 독자와 이야기를 나누듯 쓰는 글을 이야기체라고 부릅니다. 책은 이야기체로 써야 잘 읽힙니다.

① 논리적으로 설득력 있게 쓰세요.

잘 읽히는 글은 분명하게 의견을 주장하고 객관적인 이유와 타당한 근거들로 주장을 증명합니다. 잘 읽히는 글은 자료가 논리적 설득력을 받쳐 줍니다.

- 권위 있는 연구진의 실험이나 연구 결과
- 믿을 만한 기관에서 발표한 통계 수치
- 해당 분야의 전문가나 권위자의 증언
- 관련 공식 기관의 승인 및 인증
- 성공한 전력(최고 승률의 사례들)에 대한 수치

② 사례와 예시로 쓰세요.

한 MBA 과정에서 학생들에게 내용을 전할 때 어떤 방식이 가장 효과적인가를 두고 네 가지 방법, '사례로 이야기하기, 통계 데이터 제공하기, 통계 데이터와 이야기하기, 기업의 수석 경영진이 작성한 정책서 보여 주기'로 테스트를 했습니다. 이 가운데 가장 효과적인 방법이 '사례로 이야기하기'였습니다. 잘 읽히는 글은 설명을 늘어놓기보다 사례와 예시를 보여 주면서 메시지를 빠르게 전달합니다.

③ 자신을 노출하면 더 잘 읽힙니다.

'필자'라는 주어를 쓰는 초보 작가가 의외로 많습니다. 필자 같은 3인칭 주어를 사용하면 글이 애매하고 모호해집니다. 글 뒤에 숨지 말고 자신을 드러내세요. 주어는 '나'가 좋습니다. 사례를 언급할 때도 '나'가 경험한 것을 이야기하세요. 그래야 독자들이 흥미롭게 읽습니다. 맨 남의 것만 거론하는 글은 메시지 전달력이 현저하게 떨어집니다.

④ 이 모든 것을 일리 있고 조리 있게 쓰세요.

주장을 분명히 하고 근거를 탄탄하게 제시하고 사례와 예시로 읽는 재미까지 보장하는 글을 쓰라는 제안은 초보 작가에게 너무 어렵습니다. 책으로 쓰려는 생각을 아이디어로 만들고 아이디어를 메시지로 조직하는 데도 서툰 초보자에게 논리정연한 설득력과 정서에 호소하는 재미까지 포함된 글을 쓰라는 주문은 책을 쓰지 말라는 것이나 다름없습니다. 하지만 실망은 이르지요. 여기 하버드대학교 학생들이 4년 내내 배우는 글쓰기 방식이 있습니다. 이 방식을 활용하면 책이 되는 글쓰기도 금방입니다.

: 책이 되는 글쓰기,
하버드생 따라 하기

“원고 10매짜리 짧은 글이라도 읽어 보면 1,000매짜리 이야기를 할 수 있는 사람인지 알 수 있다.”

중견 출판사 사장님이 쓴 책에 나온 구절입니다. 출판사 관계자나 저 같은 출판 기획자는 척 보면 압니다. 그가 쓴 초고를 다 읽지 않아도 첫 단락만 읽어도 책이 될지 안 될지를 간파합니다. 그렇다고 필력이 뛰어날 필요는 없습니다. 원고지 10매짜리(2,000자) 짧은 글을 제대로 쓸 수 있으면 10매짜리 짧은 글 30, 40개로 구성된 책 한 권 쓰기가 어려울 리 없습니다.

저는 《150년 하버드 글쓰기 비법》에서 “쓸거리가 분명하면 글쓰기는 문제가 되지 않는다”라는 주장을 폈습니다. 그리고 핵심을 빠르게 전달하는 글을 쓰려면 하버드대학교 학생들이 배우는 글쓰기 공식을 활용하면 된다고 소개했습니다. 네 줄 공식인 ‘오레오맵’ 하나면 어떤 글도 쉽고 빠르게 잘 쓸 수 있습니다. 이 오레오맵을 활용하면 책이 되는 글쓰기, 즉 원고를 쉽고 빠르게 잘 쓸 수 있습니다.

• 핵심을 빠르게 전달하는 글쓰기 지도 오레오맵 •

Opinion	(의견)	핵심 의견을 주장합니다.
Reason	(이유)	이유와 근거로 주장을 증명합니다.
Example	(증명)	사례와 예시로 거듭 증명합니다.
Opinion	(의견)	핵심 의견을 강조하고 방법을 제안합니다.

하버드대학교 학생들처럼 논리정연하게 책이 되는 글쓰기를 시도해 볼까요? 오레오맵을 활용해 한 편의 글, 한 꼭지를 써내는 방법입니다.

① 오레오맵으로 쓸거리를 탄탄하게 정리합니다.

해당 꼭지에서 무슨 의견을 전달할지 오레오맵 네 줄로 정리합니다. 각 한 줄은 주어 술어를 갖춘 완전한 문장으로 씁니다.

- 의견을 주장합니다.
- 주장한 내용을 이유와 근거로 증명합니다.
- 사례를 들어 주장을 증명합니다.
- 의견을 강조하거나 해법을 제안합니다.

② 단락을 만듭니다.

'O-R-E-O' 각 한 줄을 핵심 주제로 삼아 이를 뒷받침하는 세부적인 내용을 보태 단락으로 만듭니다.

③ 서술합니다.

네 개의 단락을 연결하면 한 편의 꼭지가 완성됩니다. 순서대로 연결하면 다른 노력을 하지 않아도 논리정연한 한 편의 글, 즉 한 꼭지가 완성됩니다.

④ 도입부로 독자의 시선을 끕니다.

독자의 흥미를 끌 만한 도입부를 추가하거나 네 단락 중 특히 인상 깊은 단락을 글의 맨 앞에 배열해 도입부 역할로 만듭니다. 도입부가 있어야 산만하고 충동적인 독자의 주의를 글 속으로 끌어들일 수 있습니다.

그리고 오레오맵에 도입부를 더한 워크시트를 본문 꼭지 수만큼 복사해 초고용 문서 파일에 붙여 두면 본문을 쓰는 데 탄력이 붙습니다. 이런 식으로 내용을 채워 가면 빈 문서 파일에 한 줄 한 줄 생각을 타이핑해 내용을 만들어 내는 것보다 훨씬 쉽고 만만하게 여겨집니다.

책 한 권이 저절로 쓰이는
첫 문장 시동 걸기

: 첫 문장 빌려 쓰기, 수집하기

온라인 동영상 서비스로 세계 최고를 자랑하는 넷플릭스의 사용자들은 1분 만에 20개의 영상을 훑어보고 볼지 말지를 결정할 수 있습니다. 그래서 이 회사는 짧은 시간에 사용자의 마음에 쏙 드는 영상을 찾아 제시하는 데 회사의 명운을 건다고 하는데요. 넷플릭스가 가동하는 프로그램은 연간 1조 2천억 원 이상의 가치를 발휘한다고 합니다.

책을 쓸 때도 이처럼 명운을 걸어야 하는 일이 있습니다. 바로 첫 문장을 쓰는 일이지요. 첫 문장은 독자가 책을 읽게 만드는 장치인 동시에 작가인 당신이 책쓰기를 착수하게 만드는 방아쇠입니다. 인터넷 서점 알라딘이 모바일 메인 페이지에 '이 책의 첫 문장' 코너를 운영하는 것도 책의 첫인상을 강렬하게 전달해 독자들이 책을 사게 만들기 위해서입니다.

"첫 문장을 쓸 때 즐거운 점은 이야기가 어디로 이끌지 전혀 알 수 없다는 것이다. 나의 이야기가 내가 속한 이곳으로 날 인도한 것처럼…."

그림 동화로 유명한 작가 베아트리체 포터는 첫 문장의 위력을 이렇게 말합니다. 작가 애니 딜러드의 설명을 보면 첫 문장은 더욱 힘이 셉니다.

"글쓰기는 한 줄 단어를 펼쳐 놓은 것으로 시작되는 곡괭이며 끌이며 탐침이다. 글 쓰는 이가 휘두르는 대로 그 줄은 그에게 길을 파서 내준다."

첫 문장을 쓰지 못해 몇 년이고 책 한 권 내지 못하고 끙끙대는 작가도 많이 봤습니다. 하물며 우리 초보 작가들은 어떻게 해야 첫 문장을 쓰고 다음 문장을 쓸 수 있을까요?

"널빤지 여섯 장을 똑같은 길이로 잘라야 하는 목수는 널빤지 한 장 한 장의 길이를 재고 표시선을 긋고 선을 따라 조심조심 톱질을 하지 않는다."

"이 책을 쓰기로 마음먹은 것은 장 폴 사르트르의 피아노 연주 영상을 본 다음이다."

"안녕하세요? 저는 글쓰기 코치입니다."

이 문장들은 각각 《당신의 머리 밖 세상》, 《건반 위의 철학자》, 《150년 하버드 글쓰기 비법》의 첫 문장입니다. 문장 한 줄이 다음 내용을 궁금하게 만들고 '왜?' 하고 질문하게 만들고 '그래서?' 하고 반문하게 만듭니다. 그래서 두 번째 문장을 읽게 만듭니다. 잘 만들어진 첫 문장은 독자의 입에서 입으로 전파돼 책을 유명하게 만드는 데도 기여합니다.

우리도 이런 첫 문장으로 독자를 꼼짝 못 하게 사로잡을 수 있습니다. 첫 문장 잘 쓰는 비법을 뒤지고 찾아 노력해야 할까요? 어쩌면 그런 노력으로 첫 문장을 잘 쓰게 될지도 모릅니다. 그러나 시간이 너무 오래 걸리고 그렇게 한다고 첫 문장이 잘 만들어진다는 법도 없지요. 이번에도 답은 책 선생 따라 하기입니다.

첫 문장은 집필에 시동을 거는 역할을 합니다. 첫 문장을 쓰면 다음 문장이 또 그다음 문장이 달려 나옵니다. 첫 문장은 책 한 권을 시동 거는 처음이기도 하고 서문, 본문 꼭지별로 처음이기도 합니다. 또 그날 치 쓰는 글의 첫 문장을 말하기도 합니다. 즉 첫 문장이 필요한 순간이 꽤 많다는 뜻이고 그러므로 첫 문장을 쓰지 못해 공치는 순간도 꽤 많다는 의미입니다.

이 말은 첫 문장을 쓰지 못한 날들이 쌓이면 결국 책쓰기를 포기하게 되는 결과를 낳기도 한다는 뜻입니다. 여기에도 방법이 있습니다. 여기저기에서 수집한 첫 문장을 베껴 쓰기 하고 내 것으로 바꿔 써 보세요.

먼저 따라 할 만한 첫 문장을 수집합니다. 첫 문장이 필요한 모든 상황을 파악하고 거기에 맞춰 써먹으려면 다양하게 많이 수집해야 합니다. 내 책장에 꽂힌 책들을 한 쪽 한 쪽 살펴 인상적인 첫 문장, 인상적인 문장을 베껴 씁니다. 다음 문장은 제가 수집해 둔 첫 문장의 일부입니다.

"봄이 싫었다. 추위가 누그러지면 노동 현장에는 활기가 돌고 활기는 사고를 불러, 떨어지고 부딪혀 찢어지고 으깨진 몸들이 병원으로 실려 왔다."

《골든아워》, 이국종

"열정을 따르라는 말은 위험한 조언입니다."

《열정의 배신》, 칼 뉴포트

"시대마다 그 시대에 고유한 주요 질병이 있다."

《피로사회》, 한병철

"인생은, 무슨 일이 일어날지 모른다."

《가자, 어디에도 없었던 방법으로》, 테라오 겐

2005년 12월의 어느 날. 나는 상하이 푸둥공항 티켓 카운터에서 서울로 가는 편도 항공권을 사고 있었다.

《여행의 이유》, 김영하

최근에 읽은 책, 잘 팔린 책, 궁금한 책들을 검색해 첫 문장을 수집하세요. 내가 쓰려는 책과 결이 맞는 책들을 살펴 첫 문장을 수집하면 문장 따라 하기가 훨씬 편합니다.

쓰레기를 출판사가 탐내는 원고로 **성형하는 법**

: 초고를 원고로 만드는 단계별 고쳐쓰기

비록 '쓰레기'라는 수식어를 달았을지언정 초고가 완성되면 책이 나올 때보다 더 기쁩니다. 세상에 없던 이야기를 처음으로 완성했으니 뿌듯하기 그지없습니다. 이제부터 작업은 내리막길입니다. 고쳐 쓰면 얼마든지 좋아지니까요. 자신이 쓴 글조차 처음에는 쓰레기에 불과하다고 말한 헤밍웨이도 반드시 이 말을 덧붙였습니다.

"글은 고쳐 쓰면서 좋아진다."

책을 잘 쓰는 사람은 원래부터 잘 쓰는 사람이 아니라 잘 고쳐 쓰는 사람입니다. 하버드대학교의 에미그 교수와 카네기멜론대학교 팀이 연구한 결과를 보면 이 말이 틀림없습니다. 글을 잘 쓰는 사람들은 글쓰기에 투입한 전체 시간의 70퍼센트를 고쳐쓰기에 할애하는데 처음 쓴 원고의 내용을 전반적으로 점검하고 재구성하면서 거의 절반이 넘는 내용을 다시 쓴다고 합니다.

초고를 완성했다면 이제 고쳐쓰기 해 원고로 만듭니다. 초고를 고쳐쓰기 할 때는 느긋해져야 합니다. 한동안 초고를 묵혀 둬야 합니다. 쓰는 동안 내용의 많은 부분을 기억하기 때문에 기억이 사라질 때까지 시간을 두는 것이 좋습니다. 이 시간은 평균 4주 내외라고 합니다. 누구에게 보여 주지도 말고 그냥 둡니다.

① 선별합니다.

초고는 하나의 이야기를 완성하는 데 집중한 버전이어서 이것저것 자료를 연결하고 생각을 쏟아 낸 글 모음이라 선별 작업부터 해야 합니다. 책에 담아내려 한 주제에 맞춰 아닌 것은 우선 덜어내고 남은 것으로 이야기를 다듬습니다. 이 과정에서 부족한 부분을 거르고 이야기가 변형된 곳도 발견합니다. 이런 부분을 바로잡아 당초 의도에 맞게 이야기를 완성합니다.

② 성형합니다.

책을 처음 쓰는 초수는 초고를 쓰는 동안 눈앞의 글쓰기에 매몰돼 책의 방향을 놓쳐 버리기 일쑤입니다. 이럴 때는 키워드와 핵심 문장을 섞어 고쳐 쓰는 작업을 해야 합니다. 그러면 책이 원래 가려던 방향으로 바로잡힙니다.

③ 다듬습니다.

이제 세부적인 고쳐쓰기에 돌입합니다.

'틀린 것을 옳게 나쁜 것을 좋게 어려운 것을 쉽게.'

이것이 고쳐쓰기의 가이드라인입니다. 고쳐쓰기의 효과를 극대화하려면 모니터에 쓴 글을 출력하고 그것을 소리 내 읽는 것이 좋습니다. 모니터로 쓴 글을 읽으면 내용을 한눈에 파악하기가 쉽지 않고 모니터로는 읽기가 아니라 훑기에 불과해 쓴 글을 제대로 피드백하기가 쉽지 않아서입니다.

④ 광을 냅니다.

마지막 단계는 첫 독자인 출판사 에디터가 읽고 싶게 멋을 내는 작업입니다. 책의 제목, 목차, 꼭지 제목을 광고 문구처럼 고쳐 씁니다. 이때도 샘플 책이나 잘 팔리는 책들을 참고 삼아 따라 합니다. 초고에서 원고까지 책이 되는 글쓰기 과정은 세 단계로 요약됩니다.

- **A**t once(앳 원스): 초고 쓰기-한달음에 생각을 쏟아 냅니다.
  책에 대한 생각대로 자료를 재료를 얽고 엮어 최소한의 모양새를 만듭니다.
- **B**uild(빌드): 고쳐쓰기-의도한 대로 글의 내용을 바로잡습니다.
  쏟아 낸 생각을 당초 쓰려고 한 의도에 맞춰 정리 정돈합니다.
- **C**lear(클리어): 다듬기-명료하게 다듬습니다.
  의도한 대로 핵심이 빠르게 전달되게끔 편집하고 교정하고 수정해 마무리합니다.

제7장

프로 작가 따라 하기

초고를 다 썼다, 다음부터 할 일

“

시장은 지뢰밭이다.

진짜 전쟁터에서와 마찬가지로,

앞으로 나아가기 위해서는 그 지뢰밭과 협상을 해야 한다.

에릭 메이젤

”

내 책에 헌신하는 전문가 집단이 있다!
출판사와 일하기

: 책 한 권 내는 비용, 쏘나타 한 대 값은 누가 내지?

글을 쓰는 데는 돈이 들지 않습니다. 블로그에든 페이스북에든 노트북에든 태블릿 PC에든 보고서에든 사내 인트라넷에든…. 어디에든 언제든 무엇에 대해서든 쓰면 되니까요. 하지만 작가가 쓴 원고를 책으로 만들어 팔려면 제법 돈이 듭니다. 글을 책이라는 물건에 담아내고 상품성을 갖추는 데 드는 비용 말이지요. 한 권의 책을 내는 데 출판사가 들이는 돈은 자동차 쏘나타 한 대 값이라고 합니다. 권당 2천만 원이 넘는 돈이 드는 현실적인 프로젝트입니다.

작가가 책을 내는 데 반드시 돈을 들여야 하는 것은 아닙니다. 출판사가 출판 비용을 전액 부담하는 경우를 '상업 출판'이라고 하는데 내가 쓴 원고를 출판사에서 수락할 경우 내 돈이 한 푼도 들지 않는 상업 출판이 가능합니다. 내 책을 출간하면서 돈 한 푼 들이지 않았다는 것은 책으로 쓴 내용에 대해 출판사로부터 투자 가치를 인정받았다는 뜻이며 독자 입장에서는 출판사로부터 검증 받은 내용이라는 증거이기도 합니다.

상업 출판의 혜택은 또 있습니다. 출판 비용을 100퍼센트 출판사에서 부담하는 것은 물론 책이 팔릴 때마다 한 권당 책 정가 대비 최고 10퍼센트의 인세도 받습니다. 이쯤 되면 책쓰기는 돈을 한 푼도 안들이고 돈을 버는 일입니다.

책쓰기를 코칭하며 저는 1원도 들이지 않고 돈을 버는 상업 출판을 권합니다. 자신의 아이디어를 자신의 필력으로 구현해 전문가 집단인 출판사와 서점과 동업하기를 권합니다. 그래야 단번에 인생이 뒤집히는 '책테크'가 가능하기 때문입니다. 출판에 경험도 안목도 없는 예비 작가가 순전히 혼자 힘으로 상품성 있는 책을 만들기가 결코 쉽지 않음도 저는 경험으로 잘 알고 있습니다.

1원도 들이지 않고 돈 버는 책쓰기는 작가 지망생 누구나 바라는 방식입니다. 하지만 성공한 전작도 없는 무명의 예비 작가에게 2천만 원이 넘는 돈을 선뜻 투자할 출판사는 없습니다. 투자할 만한 원고를 감별하는 출판사의 기준과 절차가 까다로울 수밖에 없지요. 그렇다면 출판사가 내 원고를 보고 투자를 결단하게끔 만들어야 합니다. 핵심 비결은 출판사가 내 원고를 탐하게 만드는 것입니다.

: 작가의 성공, 절반은 출판사에 있다

여기 반가운 소식이 있습니다. 가난한 싱글 맘 조앤 롤링이 어느 날 열차 안에서 해리포터 시리즈의 이야기를 떠올렸습니다. 그리하여 그는 그날부터 홀연히 잘 팔리는 작가가 됐을까요? 첫 책이 출간되기까지 무려 열두 군데 출판사에서 거절당했습니다. 책을 내고 작가가 된 이들은 이 같은 무용담쯤 예사로 여깁니다.

우리나라에서도 잘나가는 자기계발서 작가인 팀 페리스는 영양제를 팔던 세일즈맨이었습니다. '재미있게 돈 벌며 약 파는 법'이라는 제목으로 책을 썼는데 원고의 가능성을 알아본 출판사에서 책 제목을 바꾸자고 조언했습니다.《나는 4시간만 일한다》로 책이 출간되자마자 기다렸다는 듯 베스트셀러가 됐고 저자인 팀 페리스 역시 하루아침에 유명해졌습니다. 출판사의 도움을 받지 않았더라면 불가능했을 성공담입니다.

작가가 원고를 쓰면 출판사에서는 매력적인 책으로 만들어 팝니다. 원고를 넘기는 대신 작가는 출판사로부터 전문성, 경험과 노하우는 물론 제작비, 유통과 마케팅 경비, 판매 비용을 투자받습니다. 출판사는 작가의 원고를 단독으로 사용할 권리를 갖습니다. 이렇게 작가와 출판사는 동업을 합니다.

이러한 구조에서 작가의 할 일은 완성한 원고를 출판사로 보내는 것으로 끝입니다. 책을 만들고 팔고 하는 다음 작업들은 출판사와 출판사의 거래처인 서점에서 다 합니다. 원고를 출판사에 넘긴 작가는 무엇을 하든 자유입니다. 다음 책을 쓰든 미뤄 둔 여행을 하든 생업에 종사하든…. 무엇을 하든 때가 되면 책이 출간되고 때가 되면 팔린 책만큼 저작권료(인세)가 내 계좌에 입금됩니다.

이 듣기만 해도 솔깃한 출판 동업의 관건은 내 책에 걸맞은 출판사를 만나는 것입니다. 내 원고를 좋아해 줄 출판사, 내 책을 근사하게 만들어 줄 출판사, 나보다 더 내 책을 많이 팔려고 애쓰는 출판사를 만나는 일입니다.

3개월 가까이 원고를 쓰다 보면 '이제 됐다' 싶은 느낌이 옵니다. 그러면 충동적으로 원고를 출판사에 보내 버립니다. 원고를 살피면서 손보고 또 보면 그만큼 좋아질 것이라는 기대도 하지만 어느 순간 손에서 놓아 버립니다. 초고를 쓰고 몇 차례 고쳐쓰기 하는 동안 문장까지 기억할 만큼 내용이 눈에 익은 터라 마냥 원고를 잡고 있다고 더 많이 좋아지지는 않음을 경험으로 알기 때문입니다. 작가 오스카 와일드가 말한 것처럼 책은 결코 완성될 수 없으며 그저 내려놓을 뿐이라고 달래면서요.

물론 이렇게 원고를 보내 버리는 위험을 감수하는 것은 다 믿는 구석이 있어서입니다. 내 책을 내기로 한 출판사의 유능한 편집자가 제 원고를 책으로 만드는 작업을 하기 위해 팔을 걷어붙이고 기다리고 있기 때문입니다. 초고가 원고로 환골탈태했듯 원고가 이제 책으로 변태하는 일만 남았습니다. 작가 혼자서는 절대 불가능한 일입니다. 그러니 내 손에서, 내 선에서 원고를 잡고 마냥 조몰락대며 시간을 끌기보다 편집자의 손으로, 독자의 눈으로, 서점 판매자의 눈으로 에디팅(Editing: 편집)해 근사한 상품으로 만들어지도록 시간을 보태는 것이 훨씬 남는 장사입니다.

완전 원고를 출판사에 보내면 출판사에서는 일정과 계획을 잡고 제작에 들어갑니다. 전문 편집자가 독자가 잘 읽을 수 있게 편집하고 내용이나 문장에 오류가 없나 꼼꼼하게 교열, 교정해 파일 교정본을 만듭니다. 파일 교정본은 다시 작가에게 보내지고 작가가 검수해 출판사로 보내면 이제 디자이너가 넘겨받아 책의 꼴대로 디자인합니다.

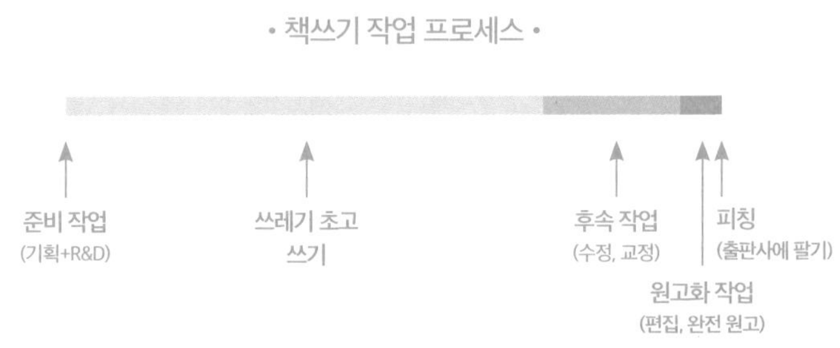

이런 이유로 경험 많고 수준 높은 편집자가 즐비한 출판사에서 출간하는 게 좋습니다. 책 모양대로 디자인된 내용을 에이쓰리(A3) 용지에 출력한 것을 '교정지'라고 부릅니다. 교정지가 도착하면 작가는 편집 과정에서 원래의 의도가 훼손되거나 변형되지는 않았는지, 작가 자신의 의도가 더 잘 전달되게끔 디자인됐는지를 살핍니다.

교정지가 두어 번 더 출판사와 작가 사이를 오가는 동안 꼼꼼하게 교정과 수정을 되풀이합니다. 최종 교정지를 검토해 출판사에 보내면 본문에 관한 한 작가는 이제 완전히 손을 털었다고 볼 수 있습니다.

이 사이 출판사에서는 제목을 정해 몇 개의 안을 갖고 작가와 협의합니다. 제목과 부제가 정해지면 표지 디자인 작업에 착수하지요. 이쯤 되면 책이 나올 날이 머지않습니다. 표지를 디자인한 파일이 도착하면 작가는 본격적으로 설렙니다. 표지에 대한 의견과 오탈자를 살펴 출판사에 보내면 작가가 해야 할 일은 끝났습니다. 인쇄, 제본 등의 후속 작업은 출판사에서 전적으로 맡아 감리해 진행합니다.

내 힘, 내 돈으로 **내 책 내기**

: 시간을 절약하는 전략적 자비 출판

출판에 들어가는 모든 비용을 작가가 부담하는 방식을 '자비 출판'이라고 합니다. 작가가 비용을 대고 출판사에 아웃소싱하는 이 방식은 아이디어와 내용과 원고의 수준과 출판 작업에 관련된 모든 과정에서 의사 결정을 돈을 대는 작가가 알아서 합니다. 그런 만큼 내가 쓰고 싶은 대로 쓰고 내가 내고 싶은 대로 책을 출간할 수 있습니다.

우리나라에서도 인기 높은 일본 소설가 나쓰메 소세키. 그의 저서 《마음》은 일본 근대 문학 가운데 가장 많이 연구되고 읽힌 책입니다. 원래 이 소설은 1914년 4월부터 8월까지 아사히 신문에서 〈마음 선생님의 유서〉라는 제목으로 연재됐는데요. 연재 글을 모아 책으로 출간하고 싶다며 사정한 출판사가 있었다고 합니다. 작가가 그러자고 했더니 출판 비용도 대 달라고 했답니다. 그마저도 수락했더니 이번에는 책 표지도, 책이 나오자 광고 카피도 해 달라고 부탁하더랍니다.

결국 나쓰메 소세키는 책 출간에 필요한 비용은 물론 출판사가 맡아서 하기 마련인 모든 작업을 직접 해 책을 냈답니다. 나쓰메 소세키 같은 위대한 작가도 자비 출판을 했다니 놀랍습니다만 시인이나 소설가들이 출판 비용을 대면서 책을 내고 스스로 출판 작가로 데뷔하는 일은 오래전부터 있었습니다.

출판사의 투자를 받아 책을 내는 상업 출판이 누구에게나 이상적이지만 그 길은 그리 녹록지 않습니다. 책을 내 줄 출판사를 찾을 때까지 밥 먹듯 당하는 거절을 아무렇지 않게 소화할 초보 작가는 흔치 않습니다. 원고에, 작가 자신에 대한 열렬한 믿음으로 출판사 문을 노크하는 시간은 자꾸 흐릅니다. 초고를 3개월 안에 써내고도 책쓰기 프로젝트는 끝날 줄 모릅니다. 이렇게 자꾸 시간이 흐르다 보면 에너지가 소진되고 기운이 달리고 확신이 허물어지면서 책테크에 대한 기대도 사라지기 마련입니다.

이런 경우 자비 출판을 권합니다. 책으로 출간했을 때 출판에 든 비용은 물론 그 비용보다 몇 배 높은 수익을 올릴 자신이 있는 원고를 썼다고 확신한다면, 그럼에도 불구하고 출판사들이 원고를 몰라본다면 스스로 기회를 주라고 권합니다. 자비 출판이라는 방식을 전략적으로 활용하자는 제안입니다. 원고에 관심을 보이는 출판사가 없지는 않으나 당초 의도한 결과물이 못 나올 것 같을 때, 작가 개인 사정으로 책을 서둘러 출간해야 할 때도 자비 출판을 권합니다.

자비 출판을 하겠다고 결정하면 저는 다음 단계로 출판사들이 투자할 만한 원고를 선별할 때의 그 깐깐함으로 책 출간을 도와줄 출판사를 고르라고 조언합니다. 비록 작가가 돈을 대지만 상품성을 높이기 위해서라면 작가와 실랑이 벌이기도 마다하지 않는 자존심 강한 출판사를 골라야 한다고 강조합니다.

① 역량 있는 출판사를 선택합니다.

쓰고 싶은 대로 쓰고 그대로 책을 내서는 투자 실패를 부릅니다. 쓰고 싶은 내용을 아이디어로 포장해 사고 싶은 책으로 변환하는 작업을 해 줄 수 있는 출판사를 고릅니다.

② 상품성에 집착하세요.

편집, 디자인, 제작, 유통까지 소요되는 비용을 제대로 들여야 합니다. 내 이름으로 나갈 책이니까요.

③ 전문가에게 디렉션(Direction)을 맡기세요.

제가 자비 출판을 권유한 경우에는 제가 에이전트가 돼서 작가 대리인으로 출판사와 작업합니다. 이처럼 출간 과정을 잘 알고 출판사와 일해 줄 전문가에게 출판 감독 역을 청하면 투자한 만큼 수익을 거두는 책테크가 가능합니다.

자비 출판을 성공적으로 추진하는 비결을 출판인 안희곤 대표에게 들어 봅시다.

"'나의 책'을 내고 싶다면, 그럼에도 출판사에서 줄곧 퇴짜만 받는다면, 직접 출판을 하시라. 단, 나의 글과 안목이 정말 남다르고 수준 높은지 냉정하게 평가하시라. 그게 아니라면 어떻게든 출판사를 만나 편집자와 머리를 맞대기를 권한다. 두 경우 다 좋다."

: 독자가 있으면 출판도 문제없다

초고를 쓰고 원고로 만들었으니 이제 궁금할 것입니다. 출판사에서 내 책을 내 줄까? 그건 아무도 모릅니다. '된다, 아니다' 판단하는 객관적인 기준은 어디에도 없으니까요. 그러한 기준이 있다면 오직 독자에게 있습니다. 최선을 다해 쓰고 당당하게 출판사 문을 노크하세요. 당신의 원고를 알아보는 출판사가 없다면 스스로 출판하면 됩니다. 당신의 책을 당신 마음대로 출판하도록 돕는 셀프 출판 플랫폼도 여기저기 흔하니까요. 원고를 다 쓰셨나요? 그렇다면 이제 팔아 볼까요?

《언어의 온도》 판권을 보면 글쓴이, 펴낸이가 한 사람입니다. 이기주 작가가 책을 쓰고 책을 만들어 파는 일까지 다 했지요. 아예 출판사를 차렸는데 이런 방식을 '독립 출판'이라고 합니다. 자비 출판이 작가가 비용을 대고 출판사를 통해 책을 내는 방식이라면, 독립 출판은 책을 쓰는 것도 책을 만드는 것도 책을 파는 것도 작가가 하는 것입니다.

'텀블벅'은 온라인에서 펀딩 프로젝트를 추진하는 업체입니다. 이 회사 웹 사이트에서 2018년 한 해 동안 펀딩에 성공해 책을 낸 경우가 700여 건이나 됩니다. 대표적인 사례가 《죽고 싶지만 떡볶이는 먹고 싶어》입니다.

여기에서 작가 '물고기 머리'는 도감을 펴내기 위한 펀딩 금액을 3억 원이나 모았습니다. 십시일반으로 책값을 미리 치러 줄 독자들이 있으면 작가도 아이돌 못지않은 팬덤을 구축합니다. 팬이 있으면 출판 비용을 모으는 것도 문제없습니다.

《도쿄의 디테일》은 콘텐츠를 생산하고 소비하는 플랫폼을 제공하는 '퍼블리'에서 펀딩 프로젝트로 기획된 책입니다. 책 내용은 온라인에 연재하며 호응을 얻었고 펀딩을 거쳐 출간됐습니다.

이 같은 현대판 신데렐라들이 뉴스에 차고 넘치게 소개됩니다. 보통 출판사의 간택을 못 받으면 책테크가 불가능했지만 이제는 독자를 매료할 만한 아이디어와 그것을 풀어쓴 원고만 있으면 얼마든지 책을 낼 수 있습니다. 전에는 출판사의 매개 없이 작가가 독자와 만날 수 없었지만 이제는 작가가 있는 곳에 독자가 있고 그곳에 출판사가 찾아옵니다.

SNS는 막강한 영향력으로 마음만 먹으면 얼마든지 책을 낼 수 있는 많은 기회를 제공합니다. 이런 배경에서 내 의도와 성향이 십분 발휘되는 책을 낼 수 있다는 점이 독립 출판의 매력입니다.

: 반드시 피해 가야 할 독립 출판의 함정

이슬아는 동네 책방들이 뽑은 '2018 올해의 독립 출판' 조사에서 1위를 차지한 작가입니다. 2018년 3월부터 6개월 동안 주 5회 글을 써서 희망하는 독자에게 이메일로 보냈습니다. 이 글들을 묶어 《일간 이슬아 수필집》도 직접 출간했습니다. 거의 동시에 출판사를 통해 《나는 울 때마다 엄마 얼굴이 된다》도 출간했는데요. 한꺼번에 치른 두 경험을 이렇게 증언합니다.

"둘의 장단점이 다른데 저는 둘 다 좋았어요. 《나는 울 때마다 엄마 얼굴이 된다》는 출판계 여러 전문가의 도움과 충분한 조언을 받아서 좋았고, 《일간 이슬아 수필집》은 모든 것을 제 마음대로 할 수 있어서 좋았어요."

자비 출판이든 펀딩을 받아서 내든 독립 출판의 재미는 책을 쓴 이가 마음대로 할 수 있다는 데 있습니다. 하지만 전문적인 작업을 거치지 않으면 작가의 취향대로, 고집대로 책이 나올 수 있고 그러는 만큼 책이 당초 의도한 대로 어필하지 못할 위험도 상당합니다.

"〈인어아가씨〉 등으로 유명한 드라마 작가 임성한이 출판사를 차려 책을 냈다. 내가 하고 싶은 방식으로 할 수 있다는 이유로 굳이 출판사를 냈다고 한다. 자비 출판 자서전처럼 디자인이 어설펐다. 그림 하나 없는 하늘색 단색 커버. 노안 배려인가. 제목만 큼지막하게 두두둑 박았다."

이 내용은 한 일간지에 실린 인터뷰 기사의 일부입니다. 기자의 "자비 출판 자서전처럼"이라는 표현이 눈에 확 들어옵니다. 출판 동네 안팎의 사람들은 척 하고 자비 출판한 책을 알아봅니다. 저 역시 자비 출판한 책을 바로 알아봅니다.

독립 영화의 다른 표현이 '저예산 영화'이듯 자비 출판도 '저예산 출판'으로 읽힙니다. 어떤 책은 돈을 적게 들인 것도 아닌데 딱 보면 자비 출판입니다. 출판사를 통해 책을 낸다는 것은 출판사가 비용을 들여 개입하는 만큼 그 속에 담긴 콘텐츠의 질이 보장된 것이나 다름없습니다. 그러나 자비 출판은 이러한 보장을 받기 어렵습니다.

누가 돈을 대든 책은 출간되는 그 순간 서점이라는 단일 시장에서 승부를 벌입니다. 요즘은 3일 만에 진열대에서 사라진다고 하는데 천금 같은 내 돈 2천만 원을 들여 낸 책이 독자의 손에서 손으로, 입에서 입으로 소문나고 전해지기는커녕 3일도 못 견디고 사라진다면 그런 투자 실패도 없습니다. 전략적으로 독립 출판을 하기로 했다면 유념하기를 바랍니다.

출판사가 절대 거절 못 할 **원고 만드는 방법**

: 원고 다듬기 7단계

원고란 책으로 내기에 적합하게 다듬은 글 모음입니다. 출판사에서 편집, 디자인, 제작 등의 과정을 거쳐 책을 제작하는 데 부족함이 없게끔 수준을 갖춰야 합니다. 원고는 전적으로 작가의 몫이며 출판사에 원고를 보낼 때는 이러한 수준의 원고로 다듬어야 하는데 이를 '완전 원고'라고 합니다. 원고는 작가에게 마지막 순서지만 책을 내는 출판사에게는 첫 단계입니다.

초고를 쓸 때는 작가 모드이지만 초고를 고쳐쓰기 해서 완전 원고로 만들 때는 첫 독자인 출판사 편집자의 입장이 돼야 합니다. 또한 깐깐한 독자의 눈으로 원고를 다듬어야 합니다.

① 한숨 돌립니다.

초고를 한달음에 썼을 것입니다. 이제 억지로라도 쉬어야 합니다. 누가 봐도 인정할 만한 원고로 만드는 작업을 하려면 쓴 내용을 다 잊어버릴 때까지 그냥 둬야 합니다. 그래야 처음 보는 내용처럼 객관적으로 고쳐쓰기 작업을 할 수 있습니다. 초고를 쓴 다음 적어도 4주가량은 초고를 잊고 지내세요.

② 독자 모드로 교정을 봅니다.

초고를 한 차례 고쳐쓰기 한 후 출력해 제본한 것을 '더미북'이라고 합니다. 더미북을 만들어 교정을 보면 독자의 눈으로 고쳐 쓸 수가 있습니다. 더미북은 복사 가게나 문방구에 맡겨도 되고 집에서도 프린트로 간단히 만들 수 있습니다.

③ 아닌 것부터 버립니다.

전체 원고에서 각각의 꼭지 글이, 꼭지 안에서는 각각의 단락이 책의 주제에 유기적으로 연결돼야 합니다. 초고를 쓸 때는 이것저것 생각나는 대로 쓰고 억지로 연결하기가 일쑤입니다. 그러므로 초고를 손보면서 주제와 직접적이지 않은 내용을 걸러내는 작업부터 하는 것이 좋습니다. 없앨 내용을 끌어안고 고쳐쓰기 할 필요가 없으니까요. 아닌 내용을 빼 버리고 나면 이야기의 앞뒤를 자연스럽게 연결하는 작업을 반드시 해야 합니다. 그래야 원고의 완성도가 올라갑니다.

④ 구멍과 허점을 꼼꼼히 봅니다.

브레이크가 고장 난 자동차처럼 내처 달려 초고를 완성했습니다. 군데군데 말이 안 되는 곳, 비워 놓은 곳, 앞뒤가 맞지 않고 따로 노는 곳이 무진장 많을 것입니다. 이런 곳을 일일이 메우고 바로잡습니다.

⑤ 하나의 결로 다듬습니다.

3개월 가까이 초고를 쓰다 보면 군데군데 톤이 다르고 결이 다른 결과물이 나옵니다. 블로그나 페이스북에서 가져와 재사용한 글도 결이 맞지 않아 겉돌 수 있습니다. 일일이 수정해 결을 맞춥니다.

⑥ 키워드를 점검합니다.

책의 주제를 아우르는 키워드와 핵심 문장이 글 사이사이에 들어가 있어야 합니다. 그래야 독자가 책의 주제와 메시지를 잊어버리지 않습니다. 한 페이지에 두세 번은 키워드와 핵심 메시지가 들어가도록 문장을 고쳐쓰기 합니다.

⑦ 브로콜리 테스트로 마무리합니다.

브로콜리를 가만히 보면 큰 한 송이, 작은 송이, 가장 작은 알갱이까지 모양이 같습니다. 알갱이가 모여 작은 송이가 되고 작은 송이가 모여 큰 한 송이를 만듭니다. 어디를 봐도 같은 모양입니다. 내가 쓴 책도 누가 어느 쪽을 들여다봐도 브로콜리처럼 주제가 엿보여야 합니다. 그래야 책 한 권에 걸쳐 작가가 의도한 콘셉트가 분명하게 드러납니다. 저는 이런 점검을 브로콜리 테스트라고 부릅니다.

: 출판사 편집자가 한눈에 반하게 피칭(Pitching)하기

초보 작가는 대부분 첫 원고를 쓰느라 몰두한 나머지 출판사의 입장 따위는 안중에도 없습니다. 한 출판사 사장님은 이렇게 말합니다.

"그 수많은 투고 원고가 다들 자기 이야기하기에 바쁘지만, 정작 책을 내 줄 출판사가 원고에 대해 무엇을 요구하는지는 전혀 관심이 없어요."

이런 '묻지 마' 원고일수록 필자 소개, 목차, 원고 및 콘셉트에 대한 기본적인 설명조차 부실한 경우가 많다고 합니다. 그래서 저는 책쓰기 수업에서 예비 작가가 자신이 쓰려는 책을 설명하고 설득하는 기회를 자주 만듭니다.

"수업 중에 과제를 하며 준비한 내용을 출판사와 미팅할 때 다 물어 왔어요. 어려울 것 없이 척척 말했더니 '이렇게 말 잘 통하는 저자는 처음이다'라고 하더군요."

지금은 내는 책마다 베스트셀러가 되는 김 선생은 첫 책을 출간한 직후 저를 찾아와 이렇게 말했습니다. 그 이야기가 그가 가져온 와인 선물보다 반가웠습니다.

원고로 첫 독자인 편집자를 매혹하면 편집자는 작가인 나를 대신해 내가 쓴 원고를 책으로 만드는 모든 과정에서 나보다 더 열심히 진행합니다. 초대박 베스트셀러로 만들겠다며 회사를 설득하고 원고가 책으로 나와 독자의 손에 전달되기까지 모든 과정에 전문적인 역량을 발휘합니다. 이런 행운을 누리려면 편집자가 내 원고에 한눈에 반해야 합니다. 출판사에서 내가 운영하는 SNS를 보고 '책 좀 내시겠어요?' 했더라도 그 내용을 모아 원고로 만들어 편집자를 또 한 번 사로잡아야 합니다. 그러려면 내 책의 첫 독자가 될 출판사 편집자의 상황을 이해하는 노력이 필요합니다.

'첫 독자'는 무지 바쁩니다. 바로 출판사 편집자입니다. 책을 기획해 저자를 섭외하고 저자가 써 온 원고를 편집하고 편집한 원고를 책으로 제작하는 과정에 참여하고 제작된 책을 팔기 위해 다양한 작업을 해야 합니다.

매일매일이 이런 작업들의 연속이다 보니 편집자에게는 여유가 많지 않습니다. 영업과 마케팅, 유통 담당이 따로 있지만 그 중심점에는 책 만드는 당사자인 편집자가 있어 편집자는 늘 바쁩니다. 이런 상황에 놓인 편집자가 메일함에 쌓인 메일들을 제치고 내가 보낸 투고 메일을 열어 보게 하려면 어떻게 해야 할까요?

출판사에서 부탁하는
"투고 메일 이렇게 보내 주세요!"

: 내 원고를 반드시 읽게 하는 메일 쓰는 법

서점에서 독자가 책과 눈이 맞는 데 걸리는 시간은 0.3초입니다. 출판사 편집자가 예비 독자가 보낸 투고 메일에 마음이 동하는 데도 0.3초밖에 걸리지 않습니다. 투고 메일의 제목 한 줄, 본문 한 줄이면 편집자는 다 압니다. 2천만 원을 투자할 만한 제안인지 아닌지 말입니다. 그러므로 어떻게든 편집자의 주의를 끌어야 합니다. 그렇게 하지 않으면 원고 파일이 열리는 일도 잘 없습니다. 이래저래 바쁜 편집자의 주의를 끌려면 평범한 한 줄로는 어림도 없습니다. 예를 들어 전자보다는 후자의 한 줄이 바로 먹힙니다.

'사회 초년생을 위한 커리어 가이드에 대한 책.'
'열정을 따르라는 말은 나쁜 조언이다.'

'열정을 따르라'는 주문이 대세인 요즘 신성 모독에 가까운 반대의 주장이라 다음 내용을 더 읽고 싶어집니다. 이 방식은《열정의 배신》의 작가 칼 뉴포트 조지타운대학교 컴퓨터과학과 교수가 실행한 방식이기도 합니다. 투고 메일을 열어 보는 편집자의 마음을 이렇게 사로잡은 다음이라면 첨부한 원고 파일이 마저 읽힐 확률은 100퍼센트입니다.

저는 출판사로부터 예비 작가에 대한 불평과 하소연을 많이 듣는데요. 가장 많이 듣는 내용은 '투고 메일을 보낼 때 기본 매너가 없는 초보 작가가 너무 많다'는 것입니다. 책쓰기 수업을 할 때 그 기본기를 강조해 달라는 요청도 받습니다. 그래서 출판사 여러 곳에 문의해 정리한 '거부 반응을 부르지 않는 투고 메일 보내기 방법'을 알려드립니다.

① 원고를 보내는 이가 누구인지 꼭 써 주세요.

'이름을 쓰지 않고 이메일을 보내는 사람도 있나?' 싶겠지만 의외로 많다고 합니다. 작가의 실명 대신 닉네임을 쓴 원고라면 투고 메일에만큼은 본명을 꼭 써야 합니다. 운용하는 SNS의 계정 주소(URL)도 꼭 링크하세요.

② 원고 내용을 간략히 소개하고 기획안은 별첨하세요.

무슨 내용을 썼는지 키워드 위주로 간결하게 설명합니다. 출판사에 왜 이 내용을 검토해야 하는지를 희소성과 가치 위주로 어필하는 것이 중요합니다. 원고 내용과 관련해 간략하게 작가를 소개하는 일도 빠뜨리지 않아야 합니다. 메일 본문에 간략한 원고 소개 글을 쓰더라도 기획안을 작성해 첨부하는 것이 좋습니다.

③ 원고를 첨부하되 하나의 파일에 담습니다.

출판사 편집자는 하루에도 투고 메일을 수십 건씩 받습니다. 메일을 열어 원고를 살펴보는 일이 이래저래 불편하다면 작가에게 불리합니다. 특히 원고는 반드시 하나의 파일에 담아야 합니다.

④ 두세 편의 샘플 원고를 곁들이세요.

편집자들이 원고 전체를 다 읽고 출간 여부를 바로 결정하기가 쉽지 않습니다. 원고 가운데 가장 어필할 만한 꼭지를 골라 별도로 첨부하면 빠르게 어필할 수 있습니다.

⑤ 투고 메일에 절대 있어서는 안 됩니다.

메일을 쓴 다음 몇 번이고 읽어 오탈자, 틀린 맞춤법, 비문이 없게 해야 합니다. 이런 것들은 성실하지 못하다는 첫인상을 줘서 원고가 별로일 수 있겠다는 부정적인 영향을 미칩니다. 첨부한 원고를 열어 보고 싶게끔 말쑥한 첫인상을 남겨야 합니다.

⑥ 원고에 맞는 출판사를 고릅니다.

소수의 대형 출판사를 제외하고는 출판사별로 주력하는 분야가 있습니다. 미리 이를 확인해 투고해야 합니다. 출판사가 낸 책들을 살펴보면 어떤 분야에 주력하는지 알 수 있습니다. 어렵사리 쓴 원고를 스팸 메일처럼 뿌려 대서는 제대로 된 출판사를 만나기가 어렵습니다.

내 책을 출간해 줄지 모를 출판사, 내가 점찍은 출판사에서 무슨 일이 있는지, 어떤 기획을 하고 어떤 이벤트를 벌이는지 등 출판사의 크고 작은 동정에 귀를 열어 두면 투고 메일을 쓰기에 좋습니다.

포털 사이트 네이버에서 출판사들의 공식 블로그를 수집해 만들어 둔 리스트를 소개하겠습니다. 한 곳 한 곳 클릭해 들여다보면 출판사마다 담당자나 공식 메일, 회사 위치와 전화번호, 투고 요령 등을 알려 줍니다. 출판사마다 그동안 펴낸 도서 목록을 볼 수 있으니 내가 책을 내고 싶은 출판사를 선정하는 데 이만한 도움이 없습니다. (4쪽 내 책을 내 줄 출판사 리스트로 가세요.)

: 원고를 출판사에 보냈다, 이후에는?

출판사에 원고를 보내고 얼마나 기다려야 할까요? 첫 책 원고를 출판사에 보낸 예비 작가는 속이 탑니다. 그리고 제게 묻습니다. 얼마나 기다려야 답을 들을 수 있을까요? 제가 드리는 대답은 이러합니다.

"출판사마다 다 다릅니다."

모든 출판사가 다 답을 주지도 않을뿐더러 출판사 규모가 큰 곳은 즉답하지 않습니다. 크든 작든 투고에 대한 피드백은 각자 출판사에서 정한 기준에 따른다고 보면 됩니다. 그럼에도 불구하고 분명한 몇 가지가 있습니다.

① 원고에 관심이 있으면 원고를 접한 편집자라도 일단 투고자에게 바로 연락을 합니다. 저와 책쓰기 수업을 한 작가 중 출판사에 메일을 보낸 지 20분 만에 '오케이'를 받은 경우도 있습니다.

② 무슨 말을 어떻게 썼든 책을 내고 싶다는 말이 없다면 거절입니다.

③ 출판사들이 적어도 일주일에 한 번은 아이디어 미팅을 하는 만큼 일주일 이상 기다려도 연락이 오지 않는다면 출간할 의사가 없는 것으로 간주해도 틀림이 없습니다.

평생 '갑'으로 사는 법

: 계약서 이야기

"(대통령) 안 되고 싶어요. 선거에 나가기도 싫고…. (대통령직은) 국가의 강제 권력을 움직여서 사람들의 삶에 영향을 미치는 일이에요. 그렇게 무거운 책임을 저는 안 맡고 싶거든요. 내가 만나는 모든 사람들에게 호감을 얻기 위해 1년 365일 을(乙)의 위치에 가야 하고, 저만이 아니라 가족도 다 을이 될 수밖에 없고요."

유시민 노무현재단 이사장이 한 말입니다. 저는 알 것 같습니다. 유시민 이사장이 왜 저런 생각을 갖게 됐는지를요. 그는 이미 '갑(甲)'으로 살고 있기 때문입니다. 작가는 1년 365일 갑입니다. 출판 계약서상에 작가는 저작권자이므로 '갑'이거든요. 반대로 출판사는 작가에게 저작권을 빌려 사업을 운영하는 자타 공인 '을'이고요.

저는 지난해 명문 사립대학교에서 개설한 글쓰기 수업을 맡아서 하려다 말고 막판에 그만둔 적이 있습니다. 학교 측에서 받은 계약서를 보니 제가 '을'이어서였습니다. 당시 저는 이렇게 생각했습니다.

'무슨 호사를 누리겠다다고 새삼스럽게 을이 돼야 할까?'

이처럼 작가로서 '갑'으로 살다 보면 두 번 다시 '을'로 살기가 싫어집니다. 그래서 출산할 때의 고통은 까맣게 잊고 다시 출산을 준비하는 산모처럼 힘에 겨워도 자꾸 책을 쓰게 됩니다. 책을 쓰면 작가의 지위를 유지하게 되고 그러면 계속 '갑'으로 살게 되니까요.

당신의 책을 쓰면 당신도 1년 365일을 '갑'으로 삽니다. 당신뿐 아니라 당신의 가족도 갑인 당신 덕분에 1년 365일 갑으로 살 수 있습니다. 생각을 파는 사람으로서 출판에 관한 '갑과 을' 프레임은 몹시도 진부하지만 아직도 많은 출판 계약서가 이 프레임을 따르고 있기에 굳이 이야기해 봤습니다. 갑으로 산다는 것, 어떠신가요?

출판사에서 당신의 원고를 마음에 들어 하면 이제 계약하는 일이 남았습니다. 아이디어며 계약 조건 등에 합의하고 나면 출판사에서 계약서 초안 파일을 보내 옵니다. 계약서를 살펴보고 이의가 없으면 계약서에 날인하는 의례를 치릅니다.

이 의례야말로 책이 곧 나온다는 사인입니다. 출판 계약을 해 본 적 없는 초보 작가에게 계약은 설레는 만큼 떨리고 겁나는 단계입니다. 이러한 사실을 출판사에서도 잘 알고 있습니다. 그러니 계약서를 천천히 살피고 궁금한 것을 출판사 측에 일일이 물어보며 계약 내용을 확인하는 것이 좋습니다.

한국출판진흥원에서 마련한 표준계약서를 내 책의 출판 계약서 내용과 비교해 보세요. (4쪽 www.책한권뚝딱.com으로 가세요.)

자비 출판의 경우에는 작가가 비용을 얼마나 대야 하며 그 대가로 어떤 서비스를 받는지 체크하고 계약해야 합니다. 책 제작에 필요한 추가 비용을 내는 일이 없도록, 그런 일이 있다면 어떤 경우에 액수는 얼마인지 납득할 만한 조건을 붙여 계약서에 명시하는 것이 좋습니다.

제8장

책쓰기 마법사 따라 하기

송 코치의 책쓰기 수업 통째로 따라 하기

“

세상에는 애처로운 저자와 애태우는 저자가 있다.
자기가 고민하는 문제를 쓰는 저자는 애처로운 저자가 된다.
그러나 자기가 고민했던 문제, 그리고 그것을 어떻게 해결해
지금은 얼마나 편한지를 알려 주는 저자는 독자를 애태우는 저자가 된다.

니체

”

책쓰기 마법사를 소개합니다

: 따라 하면 저절로 책이 된다, 내 책의 구조를 단번에 뚝딱!

"돈을 내고 영화를 보는 관객들이 의미를 부여할 것이다. 그게 진짜 영화의 의미다."

이준익 영화감독의 말입니다. 평론가가, 언론이, 동료 감독이, 영화관 사장이…. 그러니까 누가 무슨 말을 해도 영화의 의미는 돈 내고 영화 보는 관객이 부여하는 것이라는 일갈입니다. 그렇다면 책에 대해 말할 자격은 내 책을 돈 주고 사서 읽는 독자에게만 있습니다. 누구라도, 설령 출판사 편집자라도 당신의 책쓰기에 대해 미리 왈가왈부하게 두지 마세요. 그는 당신의 책을 사 보는 사람이 아니잖아요? 설령 당신을 돕겠다는 책쓰기 코치가 '책쓰기는 이래야 한다, 저래야 한다'고 말해도 휘둘리지 마세요. 그저 당신의 책을 쓰세요. 초고를 쓰세요.

"서가에 꽂힌 책은 그 무엇보다도 마술 공연과 유사하다. 독자들은 마지막 효과를 만들어 내기 위해 무대 뒤에서 이루어지는 모든 작업과 지원 활동을 보지 못한다."

마술사 데이비드 퀑이 《설득은 마술사처럼》을 쓰며 곁들인 '감사의 글'의 서두입니다. 데이비드 퀑은 출판사와 작가를 출판사에 연결하는 에이전트와 친구와 동료 등 수많은 사람을 일일이 호명하며 이들의 지원이 없었더라면 책을 낼 수 없었을 것이라고 합니다.

그렇습니다. 책을 쓰는 것은 마술 공연이나 다름없습니다. 내보이기 민망한 형편없는 초고를 쓰고 그 초고를 몇 번 고쳐쓰기 해서 출판사에 보냈을 뿐인데 그 허접하기 짝이 없던 글 묶음이 반짝반짝 빛나는 책으로 만들어져 서점에 진열되고 인터넷 서점에서 팔려 독자를 찾아갑니다. 내 책은 국회 도서관에 꽂히고 내가 모르는 이들의 책장에도 꽂힙니다. 또 검색 엔진은 누군가 내 이름을 검색하면 내가 쓴 책을 우선 보여 줍니다. 이런 마술이 책을 쓰는 일입니다.

책 한 권을 읽는 데도 크게 마음먹어야 하고 큰마음을 먹어도 책 한 권 끝까지 읽어 내기가 쉽지 않은 판에 책을 쓰다니요. 이메일 한 통 쓰기도, 보고서 한 장 쓰기도, SNS에 글 한 편 올리기도 녹록지 않은데 하나의 주제를 에이포지 70장이나 써야 한다니요. 그렇게 쓴 것을 출판사에 팔아야 책이 된다니요.

책테크가 그토록 매혹적이라도 잘 모르는 채로 시작하면 두려움이 앞서기 마련입니다. 일 잘하는 사람들이 일에 대한 안면부터 트고 착수하듯이 책을 쓸 때도 '책'과 안면을 트는 일부터 해야 합니다. 이렇게 책을 모색하다 보면 두려움도 잦아들기 마련입니다.

책쓰기와 안면을 틀 때 제일 먼저 해야 할 일은 책의 구조를 살피는 것입니다. 샘플 책의 구조를 살피고 그 구조를 채운 내용물을 들여다보면서 관련한 용어를 입에 올리며 책과 안면을 트다 보면 내 책쓰기의 길이 보입니다. 누군가에게 배우지 않아도 책을 잘 살피는 것만으로 책을 쓸 수 있습니다.

이 장에서는 책과 안면을 트고 살핀 그 과정에서 배운 것을 토대로 내 책을 설계하고 이를 바탕으로 책의 내용을 짜임새 있게 구조화하는 작업을 알려드립니다. 저는 이 작업에 '책쓰기 마법사'라는 이름을 붙였습니다. 책쓰기 마법사는 일종의 비유로써 누구든 이 책을 곁에 두고 하나하나 따라 하다 보면 어느새 초고를 쓴다는 의미를 담았습니다.

여기에는 작가로서 책을 쓰고 또 수많은 사람의 책쓰기를 돕는 동안 선생님으로 모신 샘플 책들에서 추출한 보편적인 방법들로 구성했습니다. 마법사 해리포터가 마법을 부리듯 책쓰기 마법사의 주문을 따라 하는 것만으로 책이 저절로 쓰이기를 바라는 저의 바람을 담아 만들었지요.

또한 책쓰기를 선동하고 응원하고 지지하고 격려하며 보내 온 17년 동안 책으로, 강연으로, SNS로, 입으로, 전화로, 워크숍으로 전달한 보다 쉽게 보다 빠르게 보다 근사하게 책을 쓰는 비법과 노하우와 팁을 빠짐없이 정리해 보탰습니다. 그러므로 이 책쓰기 마법사로 책쓰기에 도전하면 마치 저와 책쓰기 수업을 함께하는 것처럼 초보가 초행길을 가는 데 드는 에너지의 낭비와 소모를 최대한 줄이고 우리의 목표인 '초고 쓰기'를 빠르게 달성할 수 있을 것입니다.

17년 책쓰기 코칭으로 검증한 책쓰기 마법사 활용하기

책쓰기 마법사는 책쓰기의 단계별 작업을 빠르고 쉽게 완수하도록 돕습니다. 순서대로 작업하다 보면 책 전체가 손에 잡히고 집필에 돌입하고 싶은 마음이 들 것이라고 생각합니다. 책으로 쓰고 싶은 아이디어를 정리하고 아이디어에 맞게 책을 구성하고 내용을 조직하고 표현하기에 이르기까지 생각하기와 쓰기라는 작업 흐름에 맞춰 구조화했습니다.

중간중간 곁들인 워크시트는 지시하는 대로 내용을 써넣기만 하면 의도가 완성되는 생각의 틀을 말합니다. 워크시트 빈칸에 생각과 자료를 채워 넣으며 세부적인 것을 조정하면 논리 정연하고 체계적으로 아이디어를 정리하고 초고를 쓸 수 있습니다. (4쪽 www.책한권뚝딱.com으로 가세요.)

따라 하면 뚝딱!
책쓰기 마법사 1

: 나에게 꼭 맞는 책 선생 만나기

'책쓰기 코칭'은 제가 처음 만들어 썼습니다. 당연히 제가 책쓰기 코칭의 원조이자 유일한 책쓰기 코치로 활동했습니다. 지금은 책쓰기 코치가 흔해져서 예비 작가들이 '쇼핑'을 합니다. 듣자 하니 알음알음 책쓰기 코치를 세 명쯤 골라 그들이 하는 특강을 듣고 블로그를 살피고 그들에게 도움을 받아 책을 낸 저자들의 후기를 읽은 다음 그중 한 명에게 코칭을 받는다고 합니다.

문제는 그렇게 감정하고도 막상 책쓰기 코칭 프로그램에 돌입하면 코치의 기질이나 성향, 자세, 프로그램 등 전반에 걸쳐 기대와 이상에 맞지 않아 크고 작은 어려움을 겪는다고 합니다. 이런 갈등이 책쓰기를 가로막는 일도 흔하다고 합니다.

서점이나 도서관, 내 집 책꽂이에서 발견하고 선생님으로 모신 책 선생은 그러한 위험이 없습니다. 책 선생은 단지 우리가 원하는 것만 속속들이 보여 주고 알려 줍니다. 어떤 생색도 내지 않고 불평도 없이 말입니다.

'책 선생'을 고르는 기준

책 선생을 따라 하는 책쓰기에서 가장 중요한 것은 '어떤 책을 선생으로 모시는가'입니다. 어떤 책을 따라 하느냐가 내 책쓰기의 승패를 결정합니다.

① 내가 이야기하려는 내용을 담아내기 딱 좋겠다 싶은 책
② 저자 프로필이 나와 비슷한 환경인 책
③ 책의 구성이나 내용이 내가 시도하기에 만만해 보이는 책

이 세 조건에 맞는 딱 한 권의 책을 구한다면 가장 이상적입니다. 만일 이 조건들에 부합하는 책을 고를 수 없다면 근사치에 가까운 책을 고르면 됩니다. 근사치에 가까운 책이라면 꼭 한 권일

필요는 없습니다. 여러 권을 동시에 샘플 책으로 삼고 이 책에서는 아이디어를, 저 책에서는 내용 구성을, 다른 책에서는 글의 형식을 참고하면 됩니다. 책을 잘 아는 사람에게 '책' 선생을 추천받더라도 이 세 가지 항목을 점검 후 결정해야 합니다.

샘플 책을 고를 때 '이만하면 내가 따라 할 만하다' 싶은 수준의 책을 고르는 것이 관건입니다. 너무 이상적인 책을 고르면 샘플 책에 맞추느라 알지도 못하는 내용, 경험하지도 않은 이야기를 채워 넣는 일도 생깁니다.

가령 글쓰기를 겁내는 예비 작가가 언어 예술의 경지에 있는 문장을 구사하는 작가의 책을 고르거나 직장인 5년 차인 예비 작가가 전 세계를 누비며 경제와 비즈니스에 대해 배운 내용을 담은 책을 샘플 책으로 삼는다면, 가령 이름만 들어도 아는 유명인의 책을 샘플 책으로 삼거나 어떤 가설을 입증하기 위해 30년 동안 추적해 쓴 책을 그 분야에 발 담근지 3년도 되지 않은 예비 작가가 샘플로 삼는다면, 가령 워크숍을 한 번도 진행해 보지 않은 사람이 워크숍에서 다룬 내용을 담은 책을 선생님으로 모신다면….

그야말로 뱁새가 황새를 쫓아가는 격이지요. 내가 따라 하기에 너무 벅찬 책을 샘플로 선정하면 '이런 게 부족하고 저런 게 모자라네' 하며 탄식하다 볼일 다 봅니다. 이래서는 책쓰기에 재미를 느낄 리 없지요. 머지않아 책쓰기를 그만둘 공산이 큽니다.

책 선생은 손수 골라야 합니다. 서점이나 도서관에서 책들을 살펴 고르세요. 소장한 한정된 책 중에 고르기보다는 서점이나 도서관에서 많은 책을 살피면서 비교하고 검토해 골라야 효과적입니다. 책을 꼼꼼하게 살피는 한편 인터넷 서점에서 출판사가 작성한 책 소개 글을 찾아 읽고 책을 읽고 쓴 독자들의 리뷰도 챙겨 읽어야 책의 진면모를 파악할 수 있습니다. 이렇게 다각도로 살펴 '이것이다' 싶은 책을 책 선생으로 모셔야 좋습니다. 샘플 책을 고르기 위해 책을 주시하는 과정 하나하나가 책 선생 따라 하기입니다.

"질투 나게 하는 놈을 나의 교과서 삼아 시를 쓴다"라고 이정록 시인은 말했습니다. 저도 질투 나서 미치겠는 책을 만나면 두말 않고 선생님으로 모십니다. 당신도 그런 책을 골라 보세요. 그리고 그 책을 따라 해 보세요.

샘플 책 고르고 분석하기

내 책을 쓰게 도와줄 책 선생, 샘플 도서를 주시하며 읽으면 책쓰기의 길이 보입니다. '아하, 이렇게 쓰면 되겠구나' 하고 눈이 밝아집니다. 샘플 도서를 고르고 분석하기는 책의 문법을 익히기 위한 작업입니다.

매 문항에 대한 생각을 완전한 문장으로 쓰세요.

1) 샘플 도서 고르기

① '이 책처럼 쓰고 싶다'는 생각이 드는 책을 골라 간략하게 소개합니다.

② 이 책처럼 쓰고 싶은 이유를 씁니다.

③ 이 책의 특장점을 정리합니다.

④ 내가 이 책을 통해 배워야 할 점을 씁니다.

⑤ 이 책처럼 쓰기 위해 내가 해야 할 것들이 무엇인지 정리합니다.

2) 샘플 도서 분석하기

샘플 책 표지, 목차 등을 베껴 쓰다 보면 눈으로 읽을 때는 볼 수 없던 것을 발견합니다.

① 앞표지의 카피를 베껴 쓰기 하세요.

② 뒤표지의 카피를 베껴 쓰기 하세요.

③ 작가 프로필을 베껴 쓰기 하세요.

④ 책 소개 글을 베껴 쓰기 하세요.

⑤ 목차를 베껴 쓰기 하세요.

⑥ 서문을 베껴 쓰기 하세요.

⑦ 이 책은 어떤 이를 독자로 설정했나요?

⑧ 이 책이 그 독자들에게 필요한 이유와 배경은 무엇인가요?

⑨ 이 책이 주장하는 바는 무엇인가요?

⑩ 이 책이 독자에게 가장 어필하는 부분은 무엇인가요?

3) 성찰과 통찰

샘플 도서를 고르고 분석하는 작업을 하면서 어떤 생각과 느낌이 들었나요? 그리고 어떤 인사이트를 얻었나요?

따라 하면 뚝딱!
책쓰기 마법사 2

: 배열표로 책 선생 간파하기

제가 여성 잡지를 만들던 1990년대 초중반에는 경기가 아주 호황이라 잡지사마다 매월 광고 수주액을 최고치로 경신하고는 했습니다. 여성지들은 광고 반 기사 반으로 웬만하면 600여 쪽이나 되는 두꺼운 잡지를 매달 발간했는데요. 600쪽 되는 잡지를 매달 발간하는 데 일등 공신은 다름 아닌 '배열표'입니다. 배열표란 600여 쪽에 어떤 내용이 들어가는지를 일일이 표시해 한눈에 볼 수 있게 만든 표입니다.

제가 출판 프로듀서로 일하게 되면서 맨 먼저 한 일이 마음에 드는 책의 배열표를 그려 보는 것이었습니다. 책 몇 권을 골라 배열표를 그려 보니 책이라는 매체의 구조가 한눈에 파악됐습니다. 잡지와는 달리 하나의 주제를 책 한 권에서 어떻게 다루는지 배열표는 다 보여 줬습니다.

배열표를 보니 저자에게 원고 쓰기를 어떻게 안내하면 될지, 저자가 원고를 써 오면 어떻게 편집하면 될지 그 과정도 눈앞에 그려졌습니다. 일삼아 배열표를 그려 봤더니 나중에 뜻하지 않게 내 책을 쓰게 됐을 때 큰 도움을 받았습니다. 책쓰기가 처음인 당신도 저처럼 배열표부터 그려 보세요. 샘플 책이 한눈에 훤히 보입니다. (4쪽 www.책한권뚝딱.com으로 가세요.)

샘플 책 배열표를 그리다 보면 알게 되는 것들

① 책쓰기가 쉬워집니다.

책은 작가의 생각을 담아내는 매체입니다. 배열표를 그리다 보면 책이 하나의 생각을 첫 장부터 마지막 쪽까지 이어 쓴 것이 아니라 40개 전후의 작은 이야기들이 나름의 체계를 갖고 조립됐음을 알 수 있습니다. 이렇게 책이라는 매체의 구조를 파악하게 되면 이때부터 책쓰기는 막막하지 않고 쉬워집니다.

② 책의 전체 구조를 파악할 수 있습니다.

- 책 한 권이 어떤 구조로 만들어졌는지
- 본문 외에 어떤 내용이 포함되는지
- 무슨 내용이 몇 쪽으로 어떤 순서로 조합됐는지
- 몇 개의 크고 작은 부분으로 구성됐는지
- 왜 어떤 페이지는 비어 있는지
- 글 한 편은 몇 쪽으로 구성됐는지

배열표를 그리다 보면 소설이 아닌 한 책이 다루는 내용이 처음부터 끝까지 하나의 이야기가 아님을 알게 됩니다. 하나의 이야기가 '파트, 장, 꼭지'순으로 나뉘고 기본이 되는 글은 한 편 한 편의 꼭지라는 것도 알게 됩니다. 결국 책쓰기도 핸드백을 만들 때처럼 부분 부분의 조립임을 간파하게 됩니다. 이러한 인식은 책쓰기에 대한 부담을 많이 줄여 줍니다.

③ 레이아웃을 이해할 수 있습니다.

책은 표지와 본문의 레이아웃을 중시합니다. 많은 내용을 읽어내기에 불편하지 않도록 가독성을 높이려는 노력에서지요. 배열표를 그리며 페이지를 각각 살피다 보면 자연스럽게 레이아웃을 눈여겨보게 되고 한 편 한 편의 글을 어떤 구조로 분량은 얼마나 썼는지 파악하는 데도 눈을 뜨게 됩니다. 어떻게 써야 읽기 편한 책이 될지도 어렴풋하게 감지합니다.

따라 하면 뚝딱!

책쓰기 마법사 3

: 독자가 혹하는 아이디어로 포장하기

제1장에서 살펴봤듯이 책을 쓰는 이유는 참으로 제각각입니다. 개인적인 꿈이든 사업적, 전문가적인 목적이나 목표에서든 책을 내는 데는 돈이 듭니다. 돈을 들인 만큼의 투자 수익을 올리려면 독자에게 선택받아야 합니다. 내가 목표한 독자가 내 책을 읽어 줘야만 책쓰기로 의도한 영향력을 행사할 수 있습니다. 그러려면 독자가 읽고 싶어 할 책을 써야 합니다.

제2장에서 '책은 쓰고 싶은 내용을 써야 한다!'고 했습니다. 그

렇게 말해 놓고 독자가 읽고 싶어 할 것을 써야 한다니 헷갈리시나요? 먼저 쓰고 싶은 글을 쓰세요. 그다음 글을 독자가 읽고 싶게 고쳐쓰기 하면 됩니다. 독자에 맞춰 고쳐쓰기를 하려면 내 이야기를 읽어 줄 독자를 명확하게 설정하는 것이 중요합니다. 그런 다음 내 이야기가 그 독자에게 어필할 내용이 무엇인지 분명하게 만듭니다. 또 독자가 내 이야기를 읽어야 할 이유와 가치를 명시하면 어느새 내가 쓰고 싶은 이야기는 독자가 읽고 싶어 할 이야기로 바뀝니다.

독자가 혹하는 아이디어로 포장하기

당신은 쓸거리를 찾은 듯합니다. 쓰고 싶고 설렙니다. 그렇다면 테스트해 보세요.

- 1단계: 21일간 매일 SNS에 씁니다.
  자료를 찾지 말고 단지 생각하고 떠올려서 씁니다.

- 2단계: 21일 동안 써 온 주제를 아이디어 'T.I.P'로 정리합니다.
  Target(타깃): 내 이야기를 읽어 줄 타깃을 정합니다.
  Idea(아이디어): 아이디어를 한마디로 정리합니다.
  Promise(프로미스): 매력적인 변화를 준다고 약속합니다.

• 3단계: 'OREO맵'으로 쓸거리를 조직합니다.

Opinion(오피니언): 의견을 주장합니다.

Reason(리즌): 주장에 대한 이유와 근거를 제시합니다.

Example(이그잼플): 의견에 부합하는 사례를 듭니다.

Offer(오퍼): 의견대로 실행하는 방법을 제안합니다.

3단계 작업을 하는 동안 그 주제를 써도 좋을지 아닐지가 저절로 판명됩니다. 책으로 쓰게 될 내용이라면 이 작업을 하는 내내 신나고 두근거렸을 것입니다. 그게 아니라면 작업을 다 마치지 못하거나 힘들기만 했을 것입니다. 아이디어를 마지막으로 한 번 더 점검해 주세요.

□ 쓸거리를 더 파고들고 싶은가?

□ 인생 테마를 찾은 듯한 확신이 드는가?

□ 아이디어를 더 벼리고 싶어 욕심이 나는가?

□ 더 잘 쓰고 싶은가?

□ 내가 쓰는 내용이 어떤 의미와 가치를 지니는지 파악되는가?

따라 하면 뚝딱!

책쓰기 마법사 4

: 베스트셀러를 0.3초 만에 내 책으로

사람 간의 만남이든 아이디어든 '예스와 노'가 갈리는 데 드는 시간은 불과 10만 분의 1초라고 합니다. 미국 랭귀지 전문가인 패티 우드의 주장입니다. 많은 전문가가 0.3초 만에 상대를 사로잡지 못하면 어떤 기회도 잡을 수 없다고 말합니다. 0.3초는 눈 한 번 깜짝하는 사이입니다. 서점에서 독자에게 내 책이 콜(Call) 되거나 킬(Kill) 되는 데도 0.3초밖에 주어지지 않습니다.

“대부분의 독자는 서점에서 책장에 꽂혀 있는 책을 볼 때 3초 동안 열 권의 책을 본다. 이토록 짧은 시간 안에 ‘제목’이 눈길을 잡아채지 못하면 그 책은 존재하지 않는 거나 다름없다.”

이렇게 냉혹하게 말한 사람은 일본에서 유명한 출판 컨설턴트인 요시다 히로시입니다. 저 역시 원고가 출간되려면 0.3초 만에 출판사 독자에게 어필해야 한다고 강조합니다. 0.3초 동안에는 읽고 말고 할 겨를이 없습니다. ‘스윽’ 한 번에 읽히고 단번에 끌리는 강렬한 임팩트가 생명입니다. 스쳐 가는 독자의 눈길을 0.3초 만에 사로잡으려고 편집 디자이너가 책 표지에 여러 장치를 하지만 제목이 결정타입니다.

표지 카피 따라 쓰기

작가가 원고에 쓴 제목이 책에 그대로 사용되는 일은 잘 없습니다. 출판사에서 여러 전략적인 기준에 따라 제목을 정하기 때문입니다. 그렇더라도 당신이 쓴 제목은 원고의 첫 독자인 출판사 편집자를 단번에 사로잡아야 합니다. 출판사 편집자는 독자의 관점에서 제목을 평가하는 데 훈련된 전문가라 독자를 사로잡는 제목을 쓰면 편집자도 사로잡을 수 있습니다.

책 선생 따라 하기로 내 책의 제목을 만들어 볼까요? 우선은 따라 하고 싶은 제목을 찾고 그것을 베껴 쓰기 한 다음 내 것으로 바꿉니다. 샘플 책 외에 여러 책의 제목을 베껴 쓰며 제목에 대한 감각과 안목을 기르는 것이 중요합니다.

《위대한 작가는 어떻게 쓰는가》

이런 제목을 발견했다면 이렇게 고쳐쓰기 해 봅니다.

'잘나가는 식당은 어떻게 파는가?'
'퇴사 후 더 잘나가는 사람은 퇴근 후 어떻게 하는가?'

부제로 "글쓰기 최고의 연습법"을 봤다면 이렇게 고쳐쓰기 합니다.

'살 빼기 최고의 식사법'
'책 읽기 최고의 훈련법'

이런 식으로 여러 책 선생을 따라 해 제목과 부제를 짓습니다. 이다음에는 과연 제목이 독자들을 사로잡을 만한지 모니터링해야 합니다.

① 책 제목이 책을 말해 주나요?

독자가 내 책에 눈길을 주는 0.3초 동안 책에 대한 정보를 최대한 전달해야 합니다. 무슨 내용이며 이 책을 읽으면 어떤 가치와 혜택을 주는지, 한마디로 무슨 말을 하는지 말입니다.

② 핵심을 빠르게 전달하나요?

꽤 근사해 보이는 제목이라도 '뭐지?' 하고 생각해야 한다면 벌써 킬(Kill)입니다.

③ 따라 해도 비굴하지 않게

누가 봐도 남의 것을 흉내 낸 것에 불과한 제목은 누가 뭐라고 하기 전에 스스로 비굴해집니다. 이런 제목은 버리는 게 좋습니다. 예를 들어 《150년 하버드 글쓰기 비법》을 따라 해 '150년 하버드 생각하기 비법'이라고 한다면 '나, 흉내 냈어요'라며 자랑하는 셈이지요. 이럴 때는 살짝 틀어 보세요.

'하버드대학교 1교시 – 생각하기의 비결'

또《엄마의 첫 심리 공부》를 따라 해 '엄마의 첫 남자 공부'라고 하는 것도 흉내를 자인하는 제목입니다. 역시 살짝 틀어 볼까요?

'엄마가 처음 하는 남자 공부'

따라 하면 뚝딱!
책쓰기 마법사 5

: 절대 거절할 수 없게 제목 붙이는 비결

대부분의 책은 표지에 제목과 부제가 나란히 표시됩니다. 제목이 단숨에 독자를 사로잡게끔 하는 역할이라면 부제는 제목에 대한 흥미를 관심으로 바꿔 줍니다.

부제는 이 책이 누구를 위한 어떤 내용의 책인지를 보여 줍니다. 독자가 책을 읽으면 어떤 혜택이 돌아오는지 알게 합니다. 부제는 한마디로 책 아이디어를 핵심만 간단명료하게 정리한 문장이지요.

① 부제: 책을 사야 할 이유

《타이탄의 도구들》 - 1만 시간의 법칙을 깬 거인들의 61가지 전략

《말투 하나 바꿨을 뿐인데》 - 일, 사랑, 관계가 술술 풀리는 40가지 심리 기술

《내가 찾은 평생직업, 인포프래너》 - 잘하는 일, 좋아하는 일 하며 100세까지 평생 현역으로 사는 법

출판사에 투고하는 메일을 쓸 때도 '내가 쓴 책은 이런 책!'이라고 망설이지 않고 똑 부러지게 말할 수 있어야 합니다. 키워드와 범주 단어로 내 책을 정의하는 한마디를 만들 수 있습니다.

② 키워드 + 범주 단어

"똑똑한 선택을 이끄는 힘"

"불확실한 삶을 돌파하는 50가지 생각 도구"

"최고 전문가 5인의 2019 투자 전략"

범주 단어는 내 책이 속하는 범주를 나타내는 단어를 말합니다. 주로 이런 단어들을 사용하지요.

'도구, 기술, 연습, 훈련, 힘, 실력, 능력, 역량, 지능, 비밀, 비법,

습관, 방법, 방식, 프로그램, 활용법, 사용법, 생각, 탐색, 지침, 보고서, 상담, 멘토링, 코칭, 전략, 전술, 무기….'

③ 내 책을 소개하는 T. I. P. C 공식

T. I. P. C 공식은 독자(Target), 아이디어(Idea), 매력적인 변화 약속하기(Promise), 범주(Category)를 뜻합니다. 이 네 가지를 조합하면 내 책을 소개하는 글이 뚝딱 만들어집니다. 내 책의 독자는 누구인지, 무슨 내용인지, 독자에게 어떤 가치를 제공하는지, 한마디로 무슨 책인지 말입니다.

→ 내 책은 (T) ________ 하는 이들에게 (I) ________ 하게 함으로써 (P) ________ 하도록 하는 (C) ________ 다.

'내 책은 (T)무슨 글이든 다 잘 쓰고 싶은 사람에게 (I)하버드대학생들이 4년 내내 배우는 글쓰기 기술을 1시간 만에 전수하여(P) 글을 쉽게 쓰도록 돕는 (C)비법서다.'

자, 당신의 책을 설명하는 소개 글을 써 보세요.

내 책은

독자(Target): ________________________________ ~한 사람에게

아이디어(Idea): ______________________________ ~하여

매력적인 변화 약속하기(Promise): ______________ ~하도록 돕는

범주(Category) / 정체성(Identity): ______________________ ~다.

제목, 부제 감각과 안목을 키우려면 호감이 가는 책 30권을 골라 제목과 부제를 베껴 쓰기 합니다. 어떤 포인트에 흥미를 느꼈는지도 메모합니다. 표를 만들어 작성하다 보면 나도 모르게 제목과 부제를 보는 수준이 높아집니다. 제가 책쓰기 수업에서 사용하는 워크시트를 드릴테니 다운로드 받아 사용해보세요. (4쪽 www. 책한권뚝딱.com으로 가세요.)

따라 하면 뚝딱!
책쓰기 마법사 6

: 독자들이 좋아하는 결정적 한 방의 기적

자극적인 것들이 차고 넘치는 요즘 세상에서는 200, 300쪽짜리 책도 단 한 줄로 독자를 사로잡아야 합니다. 눈 깜짝할 사이에 독자와 눈이 맞지 않으면 책은 재고를 쌓아 두는 창고로 갈 일만 남습니다. 출판사 편집자를 첫 한 줄로 사로잡지 못하면 얼마나 기를 쓰고 애를 써서 원고를 썼는지 간에 출판은 먼 나라 이야기가 됩니다.

"인생을 바꾸는 것은 수천 권의 책, 수천 시간의 노력이 아니다. 한 권의 책, 한마디의 말, 한 줄 문장이다. 이 하나를 얻기 위해 수천 권의 책을 수천 시간 노력을 들여 읽는 것이다."

책을 내는 족족 베스트셀러 작가로 등극하는 미국의 자기계발 전문가 팀 페리스가 강조한 대로 책을 사게 만드는 것 또한 한 줄 문장입니다.

《아이가 잠들면 서재로 숨었다》

인터넷 서점에 접속했다가 우연히 발견한 이 한 줄에 순간 숨이 멎었습니다. 엄마가 됐다는 이유로 일은 물론 자기계발, 꿈마저도 저당 잡히고 아이와 종일 씨름해야 하는 젊은 엄마들의 설움이 남 같지 않았습니다. 저 또한 그런 시간이 있었으니까요. 아이가 잠들고서야 겨우 책의 품으로 도망친, 그렇게라도 해야 내 이름 석 자 온전히 유지하리라 믿으며 안간힘 쓰는 그녀들의 모습에서 그 나이 때의 저를 봤습니다. 그래서 책은 읽어 보기도 전에 주위에 권했습니다. 이런 한 줄 문장을 만든 내용이라면 누구든 읽을 만하겠다고 생각했고 한참 어린 후배들에게 선물했습니다.

저 같은 책벌레도 이런 식으로 책을 구매합니다. 한 줄 한 줄 눈에 불을 켜고 내용을 파악하기보다 메시지 한 줄에 반하면 그뿐입니다. 사람들이 책을 살 때는 내용을 읽기 전입니다. 그런데도 구매하는 이유는 책이 던진 메시지에 반해서입니다. 사람들은 책 내용이 아니라 그 책이 말하는 메시지를 삽니다. 책을 사서도 다 읽지 않습니다. 책을 말하고 책을 끼고 다니며 책이 말하는 메시지를 반추합니다. 책이 발산하는 메시지에 반해 책을 산 독자들은 책을 읽지 않고도 작가의 팬이 됩니다. 이렇듯 책은 내용이 아니라 메시지로 승부합니다.

호주의 기업 컨설턴트이자 강연가인 캠 바버는 모든 아이디어는 메시지를 통해 전달된다고 강조합니다.

"좋은 메시지는 여러분의 강연에 좋은 여운을 남겨 준다. 그래서 많은 사람이 그 메시지에 대해 서로 이야기를 나누고 반복해서 말하게 된다. 좋은 메시지는 저절로 확산된다. 강렬하고 설득력 있는 메시지는 마법과 같아서 여러분의 아이디어를 현실로 만들어 준다."

당신의 책이 꽤 의미 있는 아이디어와 지식을 담아내도 메시지로 어필하지 못하면 구매가 일어나지 않습니다. 책 한 권을 다 읽어야 전달되는 의미라면 요즘 독자에게는 먹히지 않습니다. 독자는 혈관 주사처럼 빠르게 전달되는 메시지를 원합니다.

'설레지 않으면 버려라.'
'공식 하나로 하버드대학교 학생처럼 쉽게 글 써라.'
'인생이 술술 풀리게 하려면 말투 하나만 바꿔라.'

대형 서점이나 인터넷 서점마다 내건 베스트셀러 상위에 오른 책들을 살펴보세요. 모두 결정적 한 방, 메시지로 어필합니다.

따라 하면 뚝딱!
책쓰기 마법사 7

: 책 읽지 않아도 산다?
방아쇠 메시지 만드는 법

'책은 읽으려고 사는 게 아니라 산 책 중에서 읽는다'는 말이 있습니다. 읽지도 않고 사게 만드는 책, 그러니까 독자들이 좋아하는 책은 메시지가 분명한 책입니다. 잘 팔리는 책들은 쉽고 빠르게 아주 단순하게 메시지를 팝니다. '킹핀'처럼 단숨에 한 방으로 독자를 사로잡습니다.

"저는 정말 책을 많이 사는데요. 표지가 읽고 싶기 때문이에요.

표지의 한 줄을 가지고 생각을 많이 했으면 만 원의 값어치를 충분히 한 거예요. 그게 책방에 오는 이유예요. 표지 하나로도 생각이 깊어질 수 있으니까요."

마케팅 전문가 박용후의 말입니다. 누군가의 인생을 바꾸는 것은 한 권의 책이 아니라 책 전편에 흐르는 단 한 줄의 문장입니다. 그래서 서머셋 모옴도 이런 말을 했지요.

"책 속에서 우연히 발견한 나에게 의미 있는 한 대목, 어쩌면 단 한 구절만이라도 책은 나의 분신이 된다."

헤밍웨이도 한 줄 메시지로 소설 한 권을 썼다고 합니다.

"그냥 진실한 문장 하나를 써 내려가기만 하면 돼. 내가 알고 있는 가장 진실한 문장이면 돼."

소설가 김훈도 그렇다고 합니다.

"단단한 문장을 하나 쓰면 그 문장에 기대어 한 열 줄, 스무 줄 정도를 쓴다."

책도 메시지 한 줄이 전부입니다. 작가를 반하게 하는 매혹적인 메시지 한 줄이 완성되면 그 한 줄에 기대 문장을, 단락을 쓰게 됩니다. 그러면 이런 메시지는 어떻게 해야 가질 수 있을까요?

① 한 명의 독자에게

작가와 독자, 출판사를 사로잡는 빅 메시지는 딱 한 명의 독자에게 읽히는 책을 쓸 때 가능합니다. 책을 읽어 줄 독자가 결국에는 수천수만 명일지라도 작가에게 독자는 딱 한 명뿐이어야 합니다. 그래야 그에게 전할 단 한 줄의 메시지가 명료해집니다.

② 한 가지 이야기를

책 한 권에 전하려는 내용이 많으면 메시지도 많아지기 마련입니다. 메시지가 많으면 어느 한 줄도 독자에게 도달하지 못합니다. 한 권의 책은 한 명의 독자에게 한 가지의 이야기를 전해야 매혹적인 메시지를 전할 수 있습니다.

③ 한 가지 특성을

한 명의 독자에게 전할 한 가지 이야기의 특성은 무엇인가요? 독자가 책을 읽으면 어떤 혜택을 얻을 수 있나요? 책에서는 수없이 많은 이득을 약속하겠지만 그중 딱 하나에 초점을 맞춰야 설레는 메시지를 만들 수 있습니다. 당신의 책이 독자의 어떤 문제를 해결해 주나요? 당신의 책이 독자의 어떤 욕구를 달래 주나요? 그 한 가지에 초점을 맞추기만 해도 메시지는 저절로 나옵니다.

④ 한 줄 메시지로

메시지는 독자에게 무엇을 어떻게 하라는 지침을 분명히 전달해야 합니다. 그래야 그 방향성에 독자는 기대하는 결과를 떠올리고 설렙니다.

'당신의 책을 가져라 → 내가 책을? 그래 못할 것도 없지.'

'150년 하버드 글쓰기 비법 → 1시간이면 된다고? 나도 되려나? 해 봐?'

독자에게 지침을 분명히 전하려면 쉽고 직관적인 문장으로 메시지를 표현해야 합니다.

《거장처럼 써라》

제목으로 쓰인 이 한 줄은 독자를 얼어붙게 합니다. "헤밍웨이, 포크너, 샐린저 외 18인의 작법 분석"이라는 부제는 '전문가를 위한 책인가 봐' 하고 일반 독자를 외면하게 만듭니다. 이 책의 개정판은 이런 제목으로 출간됐습니다.

《위대한 작가는 어떻게 쓰는가》

이제야 위대한 작가의 비법을 훔쳐보고 싶은 욕망이 입니다. "작가 지망생을 위한 글쓰기 수업"이라는 부제가 책에 손을 내밀게 만듭니다.

당신의 독자도 책이 아니라 당신이 전달하려는 한 줄 메시지에 반해 책을 읽기도 전에 읽지도 않을 거면서 사게 만들어 보세요. 독자의 흥미를 자극하고 주의를 끄는 핵심 문장, 메시지를 만드는 방법을 알려드릴게요. 메시지는 무엇을 어떻게 하라는 지침이 분명하고 '한 만큼 ~하라'는 지시형 문장으로 만들면 편합니다.

- '~하라' 문장을 완성해 30가지를 마련하세요.
- '~하려면' 문장을 완성해 30가지를 마련하세요.
- 위 두 가지를 조합해 '~하려면 ~하라' 문장을 30가지 완성하세요.
- 완성 문장 30개 가운데 세 가지를 추려 주위 사람들에게 테스트해 보세요.

따라 하면 뚝딱!

책쓰기 마법사 8

: 독자와 눈이 맞게 매혹적인 작가 소개 글 만들기

미국 워싱턴 어느 지하철역, 한 바이올리니스트가 모금 공연을 했습니다. 이 연주자는 명성 높은 조슈아 벨이었고 그가 연주한 바이올린은 수십억 원짜리 스트라디바리우스였습니다. 조슈아 벨의 연주회 티켓은 말석이라도 100불이 넘는데 이날 저녁 내내 그가 모금한 돈은 32달러였습니다.

《빼꾸기의 외침》이라는 추리 소설이 출간돼 두 달 동안 영국에서 1,500부가 미국에서 500부가 팔렸습니다. 그런데 하루아침에 인터넷 서점 아마존의 베스트셀러 1위에 올랐고 출판사는 추가로 30만 부를 인쇄했습니다. 왜냐하면 이 소설의 작가인 로버트 갤브레이스가 사실은 해리포터 시리즈로 유명해진 소설가 조앤 롤링이라고 밝혀졌기 때문입니다.

두 사례를 통해 독자는 책만 보고 사는 게 아니며 출판사는 원고가 좋다고 무조건 오케이 하는 것은 아니라고 추론할 수 있습니다. 무슨 내용을 어떻게 썼는지보다 누가 썼는지를 더 우선시한다는 짐작이 얼마든지 가능합니다. 따라서 원고를 쓴 사람, 즉 작가 소개 글을 쓸 때 독자와 출판사가 당신에게 반하도록, 다른 사람이 아니라 당신이 쓴 책과 원고를 읽고 싶어지도록 써야 합니다. '이런 사람이 쓴 책이니 어서 읽어 보고 싶다'는 마음이 일게 해야 합니다.

"저자 박현정은 '청소의 여왕', '청소계의 에디슨'이란 별칭으로 불리며 각종 방송과 잡지의 러브 콜을 받고 있는 쎄씨주부. 평범한 주부로 살다가, 블로그 [쎄씨주부의 소꿉놀이터]에 자신의 청소법과 살림법을 올리기 시작하면서 입소문을 타기 시작했다. 첫 책《반짝반짝 청소》를 통해 그녀만의 참 쉽고 재기발랄한 청소 노하우를 낱낱이 공개했다."

《반짝반짝 청소》를 쓴 박현정 님의 프로필입니다. 청소에 대한 책일 뿐인데 프로필을 읽는 순간 작가의 청소법이 못내 궁금합니다. 자신에 대한 소개를 연대기로 늘어놓기보다는 책 내용과 관련된 것들만 추려 의미 있게 스토리텔링하는 노력을 해야 합니다. 우선은 샘플 책, 즉 책 선생님의 프로필을 따라 해 당신의 프로필을 만들어 보세요. 거기에 다음 요소를 보태 매혹적인 작가로 연출해 보세요.

① 팩트보다 임팩트를

'이런 사람이 쓴 원고라니, 이런 사람이 쓴 책이라니 읽어 보고 싶다'는 생각이 들게 만드는 프로필이어야 합니다. 그냥 주부, 그냥 학생, 그냥 취준생, 그냥 전문가가 아니라 책에서 다룬 주제에 대한 전문가이거나 그 주제를 누구보다 살뜰히 소화해 낸 사람이라는 인상을 줘야 합니다.

② 이름 + 헤드라인

책 쓴 이가 어떤 사람인지 알려 주는 결정적 한마디가 필요합니다. 이를 헤드라인이라고 하는데요. '책을 쓴 나는, 이 책을 쓴 작가는 무엇을 하는 사람인가'를 한마디로 정리해 주세요. 이름 뒤에 직업적 정체성을 드러내는 단어를 붙이면 됩니다.

'송숙희 / 책쓰기 코치'

'송아리 / 책그림 크리에이터'

'민은정 / 브랜드 버벌리스트'

'김효석 / 설득 박사'

③ 나열 말고 집중

회사에 기대지 말고 읽을 만한 책을 쓸 만한 사람이라고 어필해야 합니다. 전문성을 강조해야 하는 원고라면 전문성을, 평범하기에 의미 있는 원고라면 그럴 만한 작가가 썼다는 인상을 줘야 합니다. 어느 회사에 다니는지, 어떤 직책으로 근무하는지는 필요 이상으로 부각하지 않는 것이 좋습니다.

④ 수치로 가치를

'경력 많은 전문가'라는 식으로 두루뭉술 표현하기보다는 수치로 가치를 바로 알게 해야 잘 먹힙니다. 예를 들어 '책쓰기 코치'보다는 '17년 경력의 책쓰기 코치'가 낫고 특징을 곁들여 '무면허, 무자격, 무비용으로 책 쓰는 비법을 전수하는 17년 경력의 책쓰기 코치'라고 표현하면 독자는 책 내용을 더욱 궁금해할 것입니다.

따라 하면 뚝딱!

책쓰기 마법사 9

: 시시콜콜 목차 만들기

독자는 서점에 서서 읽기 충분한 내용이라면 책을 사려 하지 않습니다. 두고두고 천천히, 필요할 때마다 한 번씩 꺼내 볼 것 같은 책이라면 주머니를 엽니다. 책에 반하게 만드는 요소는 표지의 제목이나 한마디 메시지지만 책을 사게 만드는 요소는 목차입니다. 영화를 보러 가게 하는 예고편처럼 목차도 책을 사게 만들어야 합니다. 책쓰기의 방향이 잡히면 목차를 먼저 구성하세요. 그러면 쓰기에 탄력이 붙습니다. 목차 하나하나씩 쪼개 개별 목표로 공략하면 되니까요. 초보 작가가 감당하기 좋을 목차 만들기 방법을 안내합니다.

① 샘플 책을 따라 합니다.

샘플 책으로 선정한 책 선생의 목차를 베껴 쓰기 합니다. 목차를 처음부터 끝까지 순서대로 베껴 쓰기보다는 목차의 일반적인 구조인 '파트, 챕터, 꼭지' 순서대로 하는 게 좋습니다. 파트가 몇 개인지 파트마다 무슨 내용인지 파악하며 베껴 쓴 다음 각 파트 안에 무슨 챕터가 있는지, 챕터 안에 어떤 어떤 꼭지(한 편의 글, 책의 최소 단위)가 들었는지 파악하며 베껴 써야 목차가 의미하는 책의 구조를 쉽게 이해할 수 있습니다.

파트로 구분하거나 파트 없이 챕터로만 구분하는 등 책마다 작가의 의도에 따라 목차 구성이 다른 만큼 샘플 책 말고도 여러 책을 참고해 아이디어를 섞어도 좋습니다. 이렇게 목차의 뼈대가 완성되면 내용을 내 것으로 갈아 끼웁니다.

② 목차를 점검합니다.

목차에서 빠져서는 안 되는 기본 요소인 '무엇에 대한 내용인지, 왜 그 내용을 다뤄야 하는지, 어떻게 하면 되는지'가 빠짐없이 구성됐나 확인합니다. 내용이 풍성해 보이게 목차를 구성해야 하지만 목차가 너무 복잡하면 읽을 엄두가 나지 않아 독자들이 책 구매를 꺼립니다. 목차가 너무 단순하면 성의가 없어 보입니다.

잘 짜인 목차에서는 이야기가 잘 읽힙니다. 그러려면 목차의 크고 작은 부분들이 유기적이고 논리적으로 연결되면서 작가가 전하려는 메시지가 이야기처럼 자연스럽게 흘러야 합니다. 잘 읽히는 책들은 책 한 권에 걸쳐 전달하려는 하나의 큰 이야기를 일곱 개 내외의 챕터로 나누고 각 챕터를 일곱 개 내외의 꼭지로 목차를 구성합니다.

③ 목차에 넣을 세부 아이디어를 만듭니다.

샘플 책의 목차를 카피하는 것은 뼈대를 빌려 쓰기 위한 것입니다. 빌린 뼈대에 채워 넣을 목차 내용은 당신이 직접 개발해야 합니다. 책 한 권으로 전하려는 40가지 내외의 작은 이야기를 뽑아내는 작업을 소개합니다.

• 책 내용을 추출하는 아이디어 카드를 만듭니다.

우선 뒷면이 깨끗한 묵은 명함이나 그만한 크기의 카드를 준비하세요. 이 카드에 아이디어를 하나씩 씁니다. 카드 한 장에 한 가지씩 아이디어를 씁니다.

카드에 아이디어를 써넣을 때 '~하려면 ~하라, ~에 대하여' 포맷으로 씁니다. 명함 크기만 한 카드에 아이디어를 쓰려면 어쩔 수 없이 키워드 위주로 간략하게 쓸 수밖에 없습니다. 카드 한 장에는 한 개의 아이디어를 씁니다. 아이디어가 더는 생각나지 않을 때까지 카드를 만듭니다. 최소한 100장은 만듭니다.

이다음에는 아이디어 카드 100장을 분류합니다. 추출한 아이디어와 의견 중에서 비슷한 내용을 모아 그룹으로 만듭니다. 그룹은 다시 대중소로 분류하고 그룹마다 해당하는 이름을 붙입니다.

• 샘플 목차에 넣어 봅니다.

아이디어와 의견을 샘플 목차 뼈대에 넣어 봅니다. 파트와 챕터를 나눈 다음 넘치거나 부족한 부분을 점검하고 보완합니다.

목차가 대략 만들어지면 배열표를 그려 봅니다. 샘플 책의 배열표를 그리고 그것을 토대로 내가 만든 목차를 끼워 넣습니다. 그러면 목차대로 원고를 썼을 경우에 어떤 모양새의 책이 될지 전체적인 조감이 가능합니다. (4쪽 www.책한권뚝딱.com으로 가세요.)

따라 하면 뚝딱!
책쓰기 마법사 10

: 잘 팔리는 책을 쓰게 되는 기획안
내 책 밑그림 그리기

이제 앞서 책쓰기 마법사를 따라 해 작업한 제목, 부제, 메시지, 저자 프로필, 목차 등 책에 들어갈 요소들을 담아내기만 하면 출간 기획안이 저절로 만들어집니다. 출간 기획안은 책의 설계도라고 할 수 있습니다. 책쓰기 수업에서 활용하는 일반적인 기획안을 따라서 만들어 봅시다.

• 출간 기획안 양식 •

카테고리	내 책이 서점 어느 분야 진열대에 놓이면 좋을지 정하세요.
제목(가제)	독자가 보자마자 '앗! 이거!' 싶게 쓰세요. 무슨 내용인지 퍼뜩 알게끔 쓰세요. 멋부리지 마시고요.
포지셔닝	내 책이 지금까지 그 분야에서 나온 비슷한 내용의 책들에 비해 무엇이 다른가요? 다른 점이 없다면 출판사도 독자도 관심을 가질 이유가 없지요.
작가 프로필	이 책을 쓴 나는 무엇을 하는 사람인가요? 한마디로 정체성을 표현하면 독자가 빨리 알아듣지요.
타깃 독자	'내 책을 이 사람이 읽어 주면 좋겠다.' 싶은 마음이 드는 독자가 누구인가요? 콕 짚어 단 한 명. 그 한 명은 누구인가요?
콘셉트	내가 쓴 책이 독자에게 어떤 이익을 주나요? 이익이 분명해야 독자의 지갑이 열리겠지요?
메시지	메시지에는 저자의 매혹적인 제안을 담아야 합니다. '~하려면 ~하라' 문장으로 만들어 보세요.
목차	목차는 단순히 길고 짧음을 떠나 내 책이 담아내려는 내용을 충분히 담게끔 구성합니다. 샘플 책 목차를 베껴 쓰기 한 다음 구조만 남기고 내용은 내 것으로 갈아 끼우세요. 그러면 쉽고 빠르고 편합니다.

잘되는 책은 아이디어가 단순해서 임팩트가 강합니다. 제가 《150년 하버드 글쓰기 비법》을 기획하며 쓴 기획안을 보여드립니다. 내용을 바꿔 당신의 것으로 만들어 보세요. 문장 프레임만 남기고 내용을 내 것으로 바꿔 써 보세요. 막연히 생각하던 것을 구체적이고 명료하게 생각할 수 있습니다. (4쪽 www.책한권뚝딱.com으로 가세요.)

• 출간 기획안 예시 •

카테고리	하버드식 글쓰기 기술, OREO
제목(가제)	글쓰기가 쉬워지는 쓸거리 만들기 기술
포지셔닝	하버드 대학교는 150년 가까이 글쓰기 수업에 공을 들여 왔다. 직업적 성공과 사회에 영향을 미치는 생각하기를 훈련하는 도구로써 글쓰기를 인식하게 하고 배우고 단련하게 만든다. 그 핵심은 쓸거리를 조직하는 논리적 사고다. 논리적 사고의 틀인 OREO 기술을 배우면 글쓰기는 더 이상 어렵지 않다.
작가 프로필	송숙희 돈이 되는 글쓰기 코치 효율적 사고와 글 쓰는 능력 향상을 돕는 프로페셔널 라이팅 코치. 하버드식 글쓰기 수업을 진행하는 송숙희글쓰기센터 대표.
타깃 독자	글쓰기 때문에 손해를 본, 글을 잘 쓰고 싶은 사람들 글쓰기가 어려워 죽겠는 사람들 글 좀 쉽게 쓰고 싶은 사람들
콘셉트	글쓰기가 어려운 것은 생각하기가 어렵기 때문이다. 하버드생처럼 논리적으로 사고하면 글쓰기가 쉽다. 논리적 사고의 틀인 OREO 기술을 배워 누구라도 글을 쉽게 쓸 수 있게 돕는다.
메시지	글을 쉽게 쓰고 싶다면 하버드생처럼 생각하라.
목차	프롤로그 하버드 졸업생들의 은밀한 고백 1부-OREO 기술: 하버드대 학생들이 배우는 단 하나의 글쓰기 수업 2부-OREO 기술로 도전하는 글 잘쓰기의 달인 3부-OREO 기술을 단련하는 방법들 4부-OREO 기술을 응용한 글쓰기의 모든 것 에필로그 글쓰기가 당신의 발목을 잡지 않도록

따라 하면 뚝딱!
책쓰기 마법사 11

: 책을 사게 만드는 마지막 관문, 서문 쓰기 기술

목차도 기획안도 나왔으니 이제 서문을 써 볼까요? 서문은 책의 3퍼센트 남짓한 적은 분량이지만 독자가 '책을 사겠다, 말겠다'를 결정하는 데 90퍼센트 이상의 역할을 합니다.

독자는 여러 단계를 거쳐 책을 살지 말지를 결정합니다. 표지에서 유혹당하고 저자 프로필을 보며 고개를 끄덕이고 목차로 괜찮겠다 싶었던 마음이 서문에서야 '책을 사야겠다'고 최종 결정을 하는데요. 서문을 읽으니 본문이 궁금해 미치겠거든요. 서문을 읽으니 서점에 서서 읽고 말 일이 아니다 싶거든요. 그러니 '책을 구입해 천천히 읽어야겠다' 싶어지거든요. 이것이 서문 쓰기가 왜 중요한지의 이유입니다.

서문은 책을 통째로 읽고 싶게 만들어야 합니다. 책을 읽었을 때 독자에게 어떤 혜택이 돌아가는지 설명해야 합니다. 책에 어떤 내용이 들어 있는지 군침 돌게 소개해야 합니다. 독자가 '앗 이거 내 이야기인데, 내가 읽어야 하는데….' 하는 마음이 들도록 내용을 소개해야 합니다. 샘플 책을 따라 하는 서문 쓰는 방법을 안내합니다.

- 샘플 책 서문을 베껴 쓰기 합니다.
- 베껴 쓰기 한 서문의 내용을 분석해 요소를 파악합니다.
- 요소를 나열해 내 책에 맞춰 내용을 갈아 끼웁니다.

① 서문 쓰기 주의 사항

서문은 당신이 쓰지만 주인공은 독자입니다. 서문을 읽고 책을 살지 말지 결정하니까요. 책에 대해 독자가 궁금해야 할 내용만 쓰세요. 책을 읽고 돌아갈 독자의 이득에 집중해서 쓰세요. 나는 '이런 사람 저런 사람!' 하는 자기 자랑, 책을 쓰며 겪은 어려움을 토로할 생각일랑 아예 마세요. 독자에게 관심 밖이거든요.

• 책을 소개해야 합니다.

'언제, 어디서, 누가, 무엇을, 왜, 어떻게' 육하원칙에 따라 책을 소개하면 독자가 이해하기가 편합니다. 책을 소개할 때 가장 비중을 두어야 할 부분은 이 책을 읽으면 좋을 독자가 누구인지, 이 책을 읽고 나면 독자에게 어떤 변화가 있는지, 그렇게 변할 수 있는 논리정연한 배경은 무엇인지입니다. 또한 비슷한 주제를 다루는 여느 책들을 두고 내 책을 읽어야 할 차별적 요소도 포함해야 독자가 좋아합니다.

• 감사 인사는 간단히 하세요.

저는 독자가 돈을 주고 사서 읽는 책에 독자 입장에서는 누군지도 모를 이를 일일이 호명하며 감사의 인사를 늘어놓는 것을 권하지 않는 편입니다. 그러나 책 한 권 쓰는 일이 어디 보통의 일인가요? 책 쓰는 동안 가족이며 회사 선후배 동료에 이르기까지 도움을 받지 않고서는 불가능합니다. 따라서 책 서문에 간략하게 감사 인사를 전하는 것이 좋습니다. 다만 너무 요란하면 독자에게 외면당합니다.

② 서문에 반드시 포함해야 할 요소

책 선생의 서문에는 일반적으로 다음 요소들이 포함됩니다. 이

가운데 전부 혹은 선별해서 서문을 구성하면 효과적입니다.

• 오프닝

첫 페이지부터 독자를 사로잡을 흥미로운 사례나 뜻밖의 연구 결과, 독자를 깜짝 놀라게 할 대화나 어록으로 글을 시작합니다.

• 내 책 소개

책이 누구를 위한 어떤 내용을 다루는지 간략하게 소개합니다. 잠재 독자가 자신을 위한 책이라 생각하도록 씁니다.

• 책이 다루는 중요한 내용 소개

파트별로 무슨 내용을 어떻게 다루는지 소개합니다. 파트 간의 연관성도 짚어 주면 더욱 좋습니다.

• 책을 쓴 작가 소개

책의 내용을 독자가 신뢰하게끔 간략하게 소개합니다. 책을 쓰게 된 계기나 해당 주제에 관한 에피소드도 소개하면 독자의 관심을 붙잡아 두기에 좋습니다.

• 독자 언급

내 책을 읽으면 좋을 독자와 내 책이 그러한 독자의 어떤 문제나 증상에 도움이 되는지 구체적으로 언급합니다.

이외에도 책을 읽는 특별한 방법이나 책을 읽기 전후 참고할 내용들을 다룬 소셜 미디어 주소를 소개하고 간단하게 감사의 인사도 전합니다.

따라 하면 뚝딱!
책쓰기 마법사 12

: 슥 보면 콕콕 잘 읽히는 꼭지 구성하기

《150년 하버드 글쓰기 비법》은 출판사 대표님의 원고 청탁 메일로 시작했습니다. 원고 분량에 대한 분명한 지침까지 포함된 요청이었습니다.

"원고 분량은 200자 원고지 기준 700매 정도, 한 꼭지당 원고량은 15매 전후면 좋을 듯합니다."

'한 꼭지(한 편의 글)를 원고지 15장 내외로 쓴다'는 말은 '한 편의 글은 하나의 주제를 다루되 분량은 3,000자 내외로'라는 뜻입니다. 한 편의 글이 3,000자를 넘으면 집중력 약한 독자들이 읽기를 포기하기 때문입니다. 전체 분량을 700장 내외로 제한하는 것은 너무 두꺼운 책은 독자가 선뜻 읽을 엄두를 못 내기 때문입니다.

'원고를 쓸 만큼 쓰고 그 원고를 책으로 만들고' 이렇게 생각하는 것이 일반적이지만 활자가 통하지 않고 책이 읽히지 않는 요즘에는 이렇게 독자의 입장에서 책과 글의 형식을 정해야 합니다. 독자가 읽고 싶어야 하고 읽기 쉬워야 하니까요. 독자가 읽어 주지 않는 책은 존재하지 않는 것이나 다름없으니까요. 독자에게 외면받는 책을 쓴다고 고생고생하는 것은 참 자존심 상하는 일이니까요.

원고 분량을 700매 내외로 제한하면 15매 내외의 글 45꼭지를 쓰게 됩니다. 45개의 글은 그 자체로 완성된 글이며 앞뒤로 연결돼 더 큰 의미를 전달하고 마침내 책 한 권이 전하려는 아이디어와 의미를 완성합니다. 책쓰기는 혼자 오랫동안 하는 일이라 이렇게 경계를 만들어 두고 시작하지 않으면 너무 많은 글을 쏟아 내게 됩니다. 그래서 꼭지도 포맷을 정해 놓고 쓰면 너무 많이 쓸 일도 너무 적게 쓸 일도 없습니다.

샘플 책 꼭지 포맷 파악하기

이제 샘플 책 꼭지를 하나하나 들여다보세요. 꼭지별로 같은 요소들이 같은 방식으로 배치된 것을 발견하게 됩니다. 이를 '꼭지 포맷'이라고 합니다. 꼭지마다 요소가 들쭉날쭉이고 배치가 제각각이라면 지면이 어수선해서 독자의 몰입을 방해하겠지요.

① 샘플 책 꼭지 요소를 분석합니다.

꼭지별 기본 요소는 꼭지 제목, 본문, 그리고 본문 내용을 정리한 중간 제목입니다.

② 내 책의 꼭지 포맷으로 따라 합니다.

원고를 쓰게 될 워드 파일에 포맷을 세팅합니다. 내가 쓰려는 책의 아이디어와 메시지에 부합되는지 살펴 요소를 더하거나 덜어 냅니다. 예를 들어 제목 밑에 꼭지 주제와 관련된 명언을 넣거나 꼭지 말미에 핵심을 정리한 한 두 줄의 요약문을 쓰는 식으로 독자가 읽기 쉽게끔 요소 아이디어를 보탤 수 있습니다.

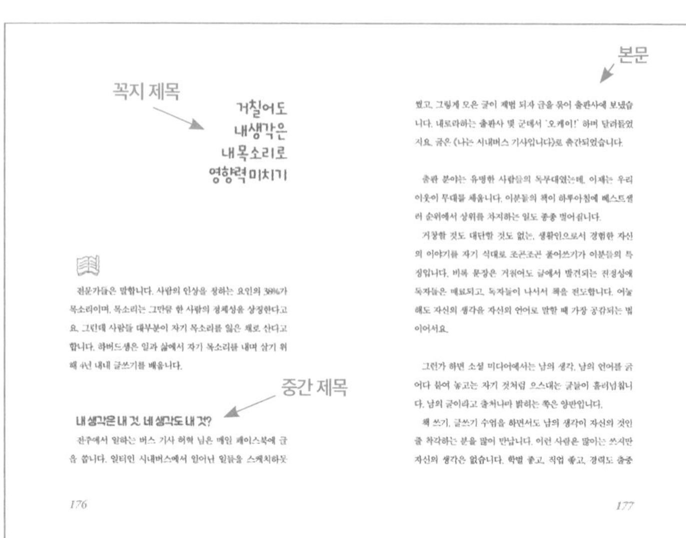

거칠어도
내생각은
내목소리로
영향력미치기

전문가들은 말합니다. 사람의 인상을 정하는 요인의 38%가 목소리이며, 목소리는 그만큼 한 사람의 정체성을 상징한다고요. 그런데 사람들 대부분이 자기 목소리를 잃은 채로 산다고 합니다. 하버드생은 일과 삶에서 자기 목소리를 내며 살기 위해 4년 내내 글쓰기를 배웁니다.

내 생각은 내 것, 네 생각도 내 것?

전주에서 일하는 버스 기사 허혁 님은 매일 페이스북에 글을 씁니다. 일터인 시내버스에서 일어난 일들을 스케치하듯

176

했고, 그렇게 모은 글이 제법 되자 글을 묶어 출판사에 보냈습니다. 내로라하는 출판사 몇 군데서 '오케이!' 하며 달려들었지요. 글은 《나는 시내버스 기사입니다》로 출간되었습니다.

출판 분야는 유명한 사람들의 독무대였는데, 이제는 우리 이웃이 무대를 채웁니다. 이분들의 책이 하루아침에 베스트셀러 순위에서 상위를 차지하는 일도 종종 벌어집니다.

거창할 것도 대단할 것도 없는, 생활인으로서 경험한 자신의 이야기를 자기 식대로 조곤조곤 풀어쓰기가 이분들의 특징입니다. 비록 문장은 거칠어도 글에서 발견되는 진정성에 독자들은 매료되고, 독자들이 나서서 책을 전도합니다. 어눌해도 자신의 생각을 자신의 언어로 말할 때 가장 공감되는 법이어서요.

그런가 하면 소셜 미디어에서는 남의 생각, 남의 언어를 긁어다 붙여 놓고는 자기 것처럼 으스대는 글들이 흘러넘칩니다. 남의 글이라고 출처나마 밝히는 쪽은 양반입니다.

책 쓰기, 글쓰기 수업을 하면서도 남의 생각이 자신의 것인 줄 착각하는 분을 많이 만납니다. 이런 사람은 많이는 쓰지만 자신의 생각은 없습니다. 학벌 좋고, 직업 좋고, 경력도 출중

177

③ 서식을 설정합니다.

각 요소별로 각기 다른 폰트와 크기를 정해 서식을 설정하면 쓰기가 훨씬 수월합니다.

④ 내 책의 꼭지를 포맷합니다.

원고용 워드 파일에 전체 꼭지 수만큼 꼭지 포맷을 복제합니다. 커서만 깜빡이는 텅 빈 워드 파일은 그 자체로 초보 작가에게 아주 큰 위협입니다. 하지만 파일에 미리 틀을 만들어 두면 쓰기가 훨씬 수월합니다. 내용을 채워 가면 되니까요.

따라 하면 뚝딱!
책쓰기 마법사 13

: 출판사가 줄 서는 SNS의 조건

제게는 '이런 내용으로 책을 쓸 만한 작가를 추천해 주세요'라는 출판사의 요청이 잦습니다. 또 제 쪽에서 '이런 책을 쓸 만한 작가 후보가 있으니 눈여겨봐 주세요' 하고 출판사에 언급도 합니다. 작가를 추천받은 출판사들은 예외 없이 작가의 이름을 검색해 그가 운영하는 SNS를 탐색합니다. 그리고 이런 피드백을 보내옵니다.

'SNS 봤어요, 우리 출판사에서 책 내죠?'

'SNS를 보니 전문성이 떨어지네요.'

'SNS에 좋다는 것들 퍼 나른 것뿐이네요.'

이제 출판사가 작가를 선정하는 기준이 SNS를 얼마나 튼실하게 운영하는지에 달렸다고 해도 과언이 아닙니다. SNS를 하고 있다는 자체보다 어떤 내용을 중심으로 어떤 방법으로 어떤 이들과 소통하고 있는지가 탐색의 기준입니다. 출판사들은 SNS를 탐색하다 의미 있는 콘텐츠를 발견하면 이런 기준으로 출판 여부를 점칩니다.

- 지금은 물론 앞으로도 오래 끌릴 만한 내용인가?
- 블로그 운영자가 그 주제의 전문가인가?
- 해당 주제를 설득력 있게 풀어내는가?
- 그 주제에 대해 재미있게 지치지 않고 이야기하는가?
- 책을 내면 한 권씩 사 줄 블로그 이웃이 많은가?
- 운영자와 이용자가 서로 친하게 소통하는가?
- 읽기 불편하지 않게 문장을 쓰는가?
- 그간 포스팅한 글을 모으면 책 한 권 분량이 되겠는가?

당신도 블로그든 페이스북이든 인터넷 카페 든 이미 열어 놓은 채널이 있을 것입니다. 그 채널에 책쓰기의 밑그림을 깔아 재정비하는 것부터 시작합시다. 브런치 같은 출판 플랫폼을 이용하는 방법도 있으나 선발 과정을 거쳐야 하고 플랫폼을 이용하게끔 선발됐다고 책 출간이 보장되는 것도 아니어서 오히려 책쓰기가 지체될 수 있습니다.

저는 누구나 쉽고 빠르면서 무료로 쓸 수 있는 블로그를 추천합니다. 블로그는 콘텐츠를 생산하고 공유하고 관리하는 데 최적의 SNS 채널입니다. 또한 블로그는 작가가 주도적으로 아지트로 활용하기 편하다는 것도 추천하는 이유입니다.

네이버 블로그의 경우 우리나라 검색 엔진의 80퍼센트 이상을 점유하기 때문에 네이버 블로그에 글을 쓰면 검색되기도 쉽습니다. 만일 카카오스토리를 오래 써 왔다면, 페이스북이 편하다면, 브런치에 글을 쓰는 중이라면, 또 유튜버로 활약한다면 그냥 계속하세요. 그러나 기획의 밑그림을 새로 마련하거나 수정해 출판사가 찾아오게 만드는 최소한의 장치인 내 책을 위한 밑그림 깔기는 반드시 하세요.

SNS에 내 책 밑그림 깔기

SNS는 자유롭게 글을 쓸 수 있는 반면 산만해지기 쉽습니다.

SNS는 운영자가 마음대로 조작하고 설정하고 운영할 수 있기 때문입니다. 따라서 책쓰기를 위한 채널로 SNS를 활용하려면 누가 봐도 매혹적이라 느낄 만한 탄탄한 밑그림을 그려야 합니다.

① 정체성을 확실하게 보여 주세요.

보자마자 무엇을 다루는 곳인지 바로 알게 해야 합니다. SNS 독자들은 1초도 안 걸리는 시간에 계속 볼지 말지를 판단하니까요. SNS 제목과 메뉴가 정체성을 알리는 간판입니다. SNS 정체성을 확실하게 하려면 책을 먼저 기획하는 것이 좋습니다. 책으로 쓸 주제에 맞춰 독자를 분명히 하면 제목이나 메뉴를 정하기가 어렵지 않습니다.

② 운영자부터 어필하세요.

SNS에서 가장 많이 읽히는 콘텐츠는 운영자를 소개하는 글입니다. 닉네임으로 SNS를 운용하는 경우라면 실명을 밝히는 게 좋습니다. 이메일 정도의 연락처도 잘 보이게 표기하면 신뢰가 증폭하지요. 운영자 사진을 올려놓으면 더 많은 사람이 SNS를 이용한다는 연구 결과도 있습니다.

③ 매력적으로 글 쓰세요.

자유롭고 쉽고 편하다는 SNS의 장점은 내 마음대로 아무것이나 쓰는 단점으로 금세 바뀝니다. 더구나 책쓰기를 염두에 둔 SNS이니 독자들이 읽고 싶어 할 글을 써야 합니다. 무슨 내용의 책이든 그 내용을 책으로 쓰기에 최적의 사람이라고 어필하는 글을 올려야 합니다. 운영자로서 개인에 대한 이야기를 적당히 올리면 이웃들과 친해지기 쉽지만 쓰는 족족 자신의 이야기뿐이면 이웃들의 '좋아요'가 많아도 출판사는 외면합니다.

원고를 쓰고 출판사에 투고하는 방식으로 책을 내기란 너무도 요원합니다. 출판사가 당신을 찾아내고 당신에게 책을 내자고 제안하도록 만드세요. 그래야 지치기 전에 책을 낼 수 있습니다. 그러기 위해서는 어떻게 해야 할까요? 당신이 우선 웹상에 존재해야 합니다. 멋진 모습으로 말이지요. 다음은 SNS를 기획할 때 고려해야 할 사항입니다. 이미 하고 있더라도 한번 점검해 보세요.

책이 되는 SNS 기획하기

- 블로그 제목
- 블로그 소개 글 쓰기: 무슨 내용을 다루는 블로그인지, 왜 이 블로그를 찾아와야 하는지 이유가 설명되도록 씁니다.

- 운영자 소개 글 쓰기: 블로그가 다루는 내용에 적임자로 어필되게끔 씁니다.
- 블로그 타깃: 어떤 이들이 찾아와 블로그 이웃을 청하면 좋겠는지 정하세요.
- 블로그 메뉴: 주제를 세분화해 메뉴를 세 개에서 다섯 개로 구체화합니다.
- 블로그 운영 계획 및 지침: 블로그를 적극적으로 운영하기 위해 룰을 만들어 지켜야 이용자의 신뢰를 얻습니다.

  예) 매일 주 5회 아침 6시 이전에 올린다.
- 블로그 URL 구입: 따로 URL을 구입하여 블로그 주소와 연결하면 블로그의 전문성을 어필할 수 있습니다.

| 나가며 |

자아실현에서 경제적 독립까지 세상에서 가장 쉬운 방법

글쓰기에서는 어떤 것도 운 좋게 찾아오지 않는다.
자신이 가장 좋은 모습이 됐을 때야 가장 좋은 글을 쓸 수 있다.

헨리 데이비드 소로우

'시간이 나면 책을 쓰겠다, 좀 덜 바빠지면, 퇴직하면, 퇴사하면 책을 쓰겠다'고 미루는 분이 참 많으시지요. 그 입장을 충분히 이해하면서도 책테크의 기적을 조금이라도 빨리 경험하기를 바라는 마음을 담아 노벨 문학상을 탄 작가 도리스 레싱의 말을 전합니다.

"저는 늙어 가고 있고 예전 같은 에너지가 없어요. 저는 개인적으로 꽤 복잡한 삶을 살았지만 그 이야기는 하지 않겠습니다. 이제 글 쓸 시간을 찾기가 점점 더 어려운데 참 흥미로워요. 나이가 들면 세상 시간을 다 가질 줄 알았거든요. 하지만 그렇지 않았습니다. 그러니 지금, 젊을 때 시간을 잘 활용하세요."

: 책쓰기는 동사, 이제 당신의 책을 쓰세요

하버드대학교 의과대학 정신과 스리니바산 필레이 교수가 예로 든 '인간이 가장 두려워하는 묘비명'은 이러합니다.

'여기 ○○○이 잠들다. 그는 많은 잠재력을 지닌 사람이었다.'

우리는 누구라도 잠재력을 갖고 태어나지만 그중 누구는 잠재력을 실현하고 그중 누구는 하지 않을 핑계를 실현합니다. 어영부영하다 보면 잠재력이 있던 자리에 핑계만 수북합니다. 그러나 어떤 이들은 열망하게 만드는 일을 동시에 해서 잠재력을 두 배나 발휘합니다.

프랑스의 인상파 화가 클로드 모네는 자신을 소개할 때 "화가 겸 정원사"라고 말했다고 합니다. 무라카미 하루키는 자신의 묘비명에 "작가 그리고 러너"라고 쓰고 싶어합니다.

당신은 직장인이거나 사업가이거나 집에서 일하는 맘이거나 선생님이거나 변호사이거나 트레이거나 식당 사장님이거나…. 아무려나 당신은 지금 직업인으로서 당신의 일을 아주 잘 해내고 있습니다. 그렇다면 당신도 이제는 잠재력을 두 배로 발휘해 보면 어떨까요? 그동안 생업에 밀려 접고 살던 열망을 실현해 보면 어떨까요? 모네처럼, 하루키처럼 당신의 직업 뒤에 슬래시(/)와 '○○'를 덧붙여 보는 시도를 해 보면 어떨까요? 그 ○○가 '작가'라면 어떨까요?

'우리 집사람, 집에서 일하는데요. 또 작가예요.'
'우리 남편, 직장인인데요. 작가이기도 해요.'
'우리 아빠, 회사 다니고 글도 쓰는 작가예요.'
'우리 엄마, 작가이자 선생님이에요.'

이렇게 말하는 가족들이 더 좋아할지도 모릅니다. 당신은 잠재력을 실현했을 뿐인데 말입니다. 저는 저의 집 서재에서 주로 책도 쓰고 글도 씁니다. 이 방 입구에는 책 한 권이 놓여 있습니다. 대학교 4학년 여름 방학 때 내 눈에 발견돼 나를 글 쓰며 밥 먹는 세계로 인도한 책입니다. 이 책을 통해 저는 말과 글을 다루어 원하는 것을 얻는 영향력이라는 마술에 빠졌고 여태 이 마술에서 깨어나지 못하고 있습니다. 책쓰기 강연이나 수업을 하러 나설 때마다 서재 문 앞에서 이 책을 한 번씩 어루만지며 주문을 겁니다.

'오늘 만나는 이 사람들이 쓸 책 한 권 한 권도 어떤 한 사람의

인생에 두고두고 구원의 빛이 되기를.'

그런 책을 꼭 쓰기를 바라는 기원을 담은 주문입니다. 이 책을 여기까지 읽어 온 고마운 당신을 위해서도 기원합니다.

자, 이제 당신도 시작하세요. 당신의 책을 쓰세요. 지금 당신이 해야 할 일은 첫 문장을 쓰는 것입니다. 고쳐 쓰면 더욱 근사해질 한 줄, 쓰레기 같은 초고를 쓰는 것입니다. 한 줄을 쓰는 것입니다. 책쓰기는 명사가 아니라 동사입니다. 자, 이제 초고 한 줄 쓰시렵니까?

추신

출판사들 사이에 '책을 참 잘 만들고 잘 알리는 출판사'로 소문난 유노북스에서 저의 핵심 콘텐츠를 책으로 내게 돼 더없이 기쁩니다. 매번 독자의 입장에서 책쓰기를 생각하게끔 도와주고 내 원고를 나보다 더 잘 만져 주셔서 믿고 맡길 수 있는 편집팀, 독자와의 접점에서 제 책이 매혹적으로 어필하도록 도와주시는 기획마케팅팀, 제가 쓴 글이 잘 읽히고 마음이 끌리게 디자인해 주시는 디자인팀에게 진심으로 감사드립니다.

책 한 권 뚝딱!

따라 쓰기의 기적

1판 1쇄 2019년 6월 10일
1판 2쇄 2019년 7월 1일

지은이 송숙희
펴낸이 유경민 노종한
기획마케팅 우현권 금슬기 남지훈
기획편집 이현정 박익비 윤정원
책임편집 이현정
디자인 남다희
펴낸곳 유노북스
등록번호 제2015-000010호
주소 서울시 마포구 양화로7길 71, 2층
전화 02-323-7763 **팩스** 02-323-7764 **이메일** uknowbooks@naver.com

ISBN 979-11-89279-57-8 (03190)
값 16,000원

• — 이 도서의 국립중앙도서관 출판예정도서목록(CIP)은 서지정보유통지원시스템 홈페이지(http://seoji.nl.go.kr)와 국가자료공동목록시스템(http://www.nl.go.kr/kolisnet)에서 이용하실 수 있습니다.(CIP 제어번호: CIP2019019333)